Herbert Steffny

WALKING
Der Ausdauersport für optimale Fitness

südwest

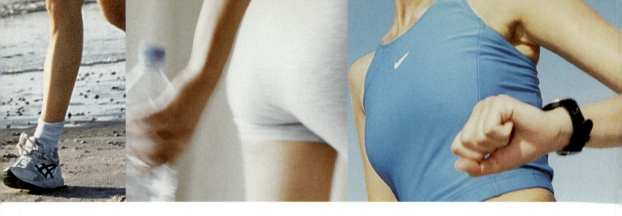

Bild links: *Walking ist der perfekte Freizeitsport – das sanfte Ausdauertraining kann man immer und überall durchführen.*
Bild Mitte: *Viel trinken ist unerlässlich – wie bei jeder anderen Sportart auch.*
Bild rechts: *Walking ernst genommen: Der Herzfrequenzmesser hilft bei der Leistungskontrolle.*

INHALT

Walking – Wurzeln & Wege

Ausdauersport für optimale Fitness	6
Walking – made in USA?	7
Special: Frauen und Walking	16

Die ganzheitliche Reise

Walking und Gesundheit	22
Langsam, aber sicher zum Erfolg	26
Walking als Prävention	29
Special: Walkingpersönlichkeiten	38

Schuhe und Kleidung

Die Wahl des richtigen Schuhs	42
Funktionelle Bekleidung	46
Accessoires	49

Training und Technik

Der Energiestoffwechsel — 54
Die richtige Technik — 61

Varianten und Planung

Walking – in allen Variationen — 66
Nordic Walking — 71
Vom Einsteiger zum Könner — 75
Trainingspläne — 78

Verletzungsfrei trainieren

Wichtige Grundregeln — 84
Die richtige Gymnastik — 86
Beschwerden vermeiden — 92
Verletzungen von A bis Z — 95

Ernährung – Power für den Alltag

So erreichen Sie Ihr Idealgewicht — 102
Die Basis für Leistungsfähigkeit — 109
Essen und Trinken beim Training — 122

Über dieses Buch — 126
Register — 127

Powerwalking: Das vorbereitende und nachträgliche Stretching sollte aber auf jeden Fall, insbesondere beim flotten Walking, zum Programm gehören.

Die Anfänge des Walkings liegen im Bereich des Profisports: »Pedestrianism« war in den USA und in England im 19. Jahrhundert sehr beliebt. Aus dem bezahlten Wettgehen wurde ein sanfter Ausdauersport für Jung und Alt.

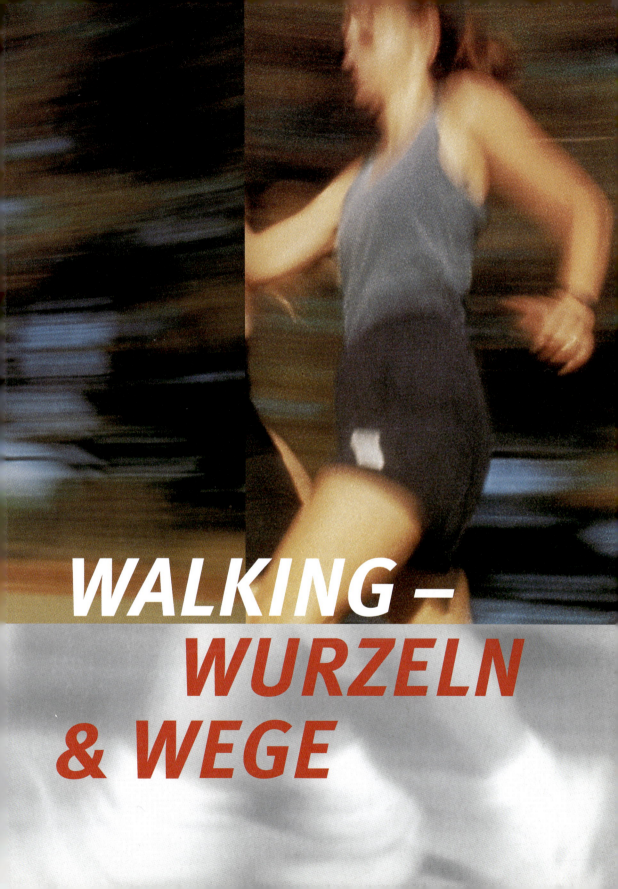
WALKING –
WURZELN & WEGE

Ausdauersport für optimale Fitness

Ein Buch über Walking von einem früheren Weltklasse-Marathonläufer? Kann der sich überhaupt in einen übergewichtigen Fitnesseinsteiger versetzen? Sie werden sich wundern!

Seit 1988 veranstalten wir Laufseminare, an denen auch Einsteigergruppen mit Gehpausen teilnehmen. Als Walking in den USA modern wurde, haben wir es sofort in unser Programm aufgenommen. Wir waren die Ersten, die in Deutschland das empfehlenswerte Nordic Walking aus Finnland angeboten haben (siehe Seite 71f.). Unter dem Motto »Entschleunigung« bringen wir heute mit Walking und langsamem Jogging stressgeplagten Managern bei, wie man sich richtig entspannt und dass es nicht gut ist, immer »auf 180« zu sein.

Walking setzt dem ständig unter Zeitdruck stehenden modernen Menschen die Kraft der Langsamkeit entgegen.

Die meisten Einsteiger sind mit dem Laufen einfach überfordert, und viele springen dadurch vollkommen frustriert vorzeitig ab. Sie empfinden Laufen als Quälerei. Walking füllt die Lücke zwischen Nichtstun und Laufen. Für die einen ist es Durchgangsstation zum Laufen, für viele andere die optimale Lebenssportart. Walking und Jogging sind miteinander verschwistert und ergänzen sich bestens. Insofern kommt es mir auf den Schulterschluss der beiden Disziplinen an, die mehr gemeinsam haben, als man denkt.

Erste Schritte

Gehen oder Laufen haben Sie schon einmal erfolgreich gelernt. Mit einem Jahr waren Sie und Ihre Eltern stolz darauf, dass Sie Ihre ersten wackeligen Schritte im Wohnzimmer auf zwei Beinen zurückgelegt haben. »Das Kind läuft schon!« Nein – eigentlich ist es gegangen!

Ich habe das Gehen leider mehrfach mühsam wieder erlernen müssen. Wer Leistungssport betreibt, riskiert die Gratwanderung zwischen Erfolg einerseits und Übertraining und Verletzung andererseits. Je zwei Operationen an den Achillessehnen und Menisken waren mein Preis für eine Läuferkarriere, die ich sonst nicht missen möchte. Nach den Eingriffen gab es für mich nur ein Ziel: wieder mindestens eine halbe Stunde für meine Gesundheit laufen oder walken zu können. Die Rückkehr zum Spitzensport war sekundär. An Laufen war zunächst nicht zu denken. Also walkte ich wochenlang – und empfand das nicht als Schande für einen Eliteläufer.

Eine Karriere

Ich war keineswegs immer ein Leistungssportler. Als Jugendlicher brachte ich es zwar bis in die deutsche Spitzenklasse und zum deutschen Jugendrekord, aber mit 19 Jahren hatte ich anderes im Sinn. Ich studierte Biologie und schaute, was das Leben sonst noch zu bieten hatte. Die Folge: Mit 29 war ich behäbig und auch deutlich dicker geworden. Ich war fest davon überzeugt, dass man mit 30 bereits zum alten Eisen gehört. Rückenschmerzen gaben mir den Rest. Also stand fest: Ich musste mich wieder bewegen!

So raffte ich mich auf und joggte beim Lauftreff in Freiburg mit, änderte meine Ernährung, nahm ab und wurde wieder fit. Was nur aus Fitnessgründen begann, mündete in eine Karriere als Deutscher Meister, internationaler Medaillengewinner und Olympiateilnehmer im Marathonlauf. Es gibt also doch ein Leben jenseits der 30, denn Altern beginnt im Kopf. Ohne es zu wissen, begab ich mich zudem auf eine ganzheitliche Reise, zu der ich Sie mit diesem Buch herzlich einlade.

Es ist nie zu spät, mit Ausdauersport zu beginnen. Für Walking ist man nie zu alt.

Walking – made in USA?

Und Sie hatten gedacht, Walking sei eine amerikanische Erfindung? Na, dann fragen wir doch einfach die Amerikaner selbst: Gary Yanker, der US-Walking-Guru, schildert in seinem Buch »The Complete Book of Exercise Walking«, wie er zum Walking kam.

Er hatte ein Schlüsselerlebnis in seiner Jugend. Als 13-Jähriger gelangte er als Austauschschüler von New Jersey nach Neustadt im Schwarzwald. Für den mit einer ansehnlichen Schicht Wohlstandsspeck versehenen Jugendlichen war das eine dramatische Umstellung. Bis dahin wurde er – für die USA schon damals nicht untypisch – überallhin mit dem Auto chauffiert. Dadurch hatte er für sein Alter eine ausgesprochen schlechte Kondition. Seine Gastfamilie besaß jedoch kein Fahrzeug. Bei seinem einjährigen Aufenthalt im Schwarzwald bekam er auf diese Weise seine erste Lektion in Sachen Sport und gelangte zu einer positiven Einstellung körperlicher Fitness gegenüber.

7 Gehen oder Laufen?

Rennen, laufen, springen: Kinder leben ihren noch ungezügelten Bewegungsdrang am liebsten auf zwei Beinen aus.

Er ging zur Schule, lernte Fußball spielen und erklomm zeitweilig fast täglich mit Freunden die Berge der Umgebung oder besuchte weit abgelegene Bauernhöfe zu Fuß. Wollte man auf die Dorffeste der Nachbargemeinden, so war das genauso mit einem Marsch verbunden wie Verabredungen mit einer Freundin. Am Wochenende kam auch schon mal eine 30 Kilometer lange Wanderung mit den Pfadfindern dazu. Mit Skiern auf dem Rücken ging es zu den beliebten Sprungschanzen und Skihängen in der Umgebung. Lifte gab es damals noch nicht. Alpines Skifahren hatte also noch eine echte Ausdauerkomponente.

Dies alles prägte Gary Yanker grundlegend. Aus der jugendlichen Erfahrung entwickelte er später in den USA ein Walking-Fitnesskonzept für seine durch falsche Ernährung und wenig Bewegung geschädigten Landsleute. Auch Georg Thoma aus Hinterzarten, Olympiasieger des Jahres 1960 in der Nordischen Kombination, führt seinen Erfolg auf seinen elf Kilometer langen Schulweg zurück.

> **Gary Yanker**
>
> **Mehr über den US-amerikanischen Walkingpionier Gary Yanker, der seine Karriere gewissermaßen im Schwarzwald begann, erfahren Sie in seinem Werk »The Complete Book of Exercise Walking«, Contemporary Books, Chicago 1983.**

Natürlich haben sich die Lebensbedingungen im Schwarzwald zwischenzeitlich geändert. Mittlerweile haben alle Skihänge Lifte. Längst werden die Kinder mit Bussen, Autos oder mit dem Zug zur Schule befördert. Sie spielen mit Computern, sehen sich Videos an oder schauen fern, anstatt auf die benachbarten Berge zu steigen. Wozu noch anstrengen? Es gibt doch keine Notwendigkeit mehr dazu … oder? Für die Gesundheit vielleicht? Da schwappte die Walkingwelle aus den USA als Lösung zu uns herüber, und ihr Guru erzählt uns, wie es im Schwarzwald einmal war.

Die Schulwege der kenianischen Wunderläufer

In vielen Ländern der Erde ist Fitness noch heute eine Notwendigkeit. Bei einem längeren Trainingsaufenthalt in den Nandi Hills im Hochland Ostkenias konnte ich mich selbst davon überzeugen. Die weltbesten Langstreckenläufer kommen aus dieser Gegend. Harte körperliche Arbeit ist für die

Hirtennomaden an der Tagesordnung – sei es beim Viehtrieb, Wasserholen oder beim Holzschlagen. Die Schulwege der Kinder sind meist mehrere Kilometer lang und müssen barfuß zweimal täglich gegangen oder gelaufen werden. Selbst Fahrräder sind Luxusgegenstände. Das Körpergefühl der Kenianer, das Empfinden für locker oder anstrengend, ist dem unseren weit überlegen.

Gehen ist so alt wie die Menschheit

Der aufrechte Gang ist so alt wie die Menschheit selbst. In Ostafrika bei Laetoli, Tanzania, fand man die ersten, rund dreieinhalb Millionen Jahre alten Fußabdrücke eines Erwachsenen der Gattung Australopithecus afarensis, der mit einem Kind durch den Ascheregen eines nahe gelegenen Vulkans wanderte. Der Urmensch entwickelte sich durch den Werkzeuggebrauch, die Beherrschung des Feuers, die Bildung sozialer Verbände und die Sprache, also durch die technische und kulturelle Evolution, zum heutigen Menschen, dem Homo sapiens, der sich mehr und mehr von den Unbilden der Natur emanzipierte.

Jahrmillionen war Fitness eine Notwendigkeit zum Überleben. Der Urmensch war ein ausdauernder Jäger und Sammler. Der tägliche Aktionsradius zum Nahrungserwerb betrug viele Kilometer. Er war eigentlich kein besonders guter Läufer, eher ein Walker und Jogger, zu langsam, um beispielsweise einem Geparden Konkurrenz zu machen. Unsere Urahnen konnten es sich nicht leisten, unnötig durch die Gegend zu hetzen. Sie hätten mehr Energie verbraucht, als sie durch Nahrung gefunden hätten. Damals gab es keine gefüllten Supermärkte und Kühlschränke. Wild wurde in einer oft mehrtägigen, ausdauernden Hetzjagd erbeutet. Nur wenn es Nahrung im Überfluss gab, wenn die Jäger erfolgreich waren oder wenn die Ernte kam, konnte man sich exzessive Freudentänze leisten. Die ruhigere Gangart ist uns also eigentlich auf den Leib geschrieben.

Unsere Gene – auf Bewegung programmiert

Gehen ist für den Menschen also die natürlichste Sache der Welt. Gegangen ist der Mensch schon immer, zur Jagd, zur Wasserstelle, in neue Weidegründe. Wir sind von Mutter Natur nicht mit einer Fernbedienung in der Hand und einem Gaspedal an den Füßen geschaffen worden, sondern mit Beinen zur Fortbewegung. Körperliche Beanspruchung, Laufen und Gehen im Alltag oder beim Beruf sind im »biologischen Programm Mensch«

Ebenso wie der Mensch aufgrund seiner Kauwerkzeuge und seiner Verdauungsorgane zum Gemischtköstler geboren ist, so ist er auch durch seinen gesamten Bewegungsapparat auf das Gehen und Laufen programmiert.

Das menschliche Erbe

Gehen versus Sitzen: Nie war eine Gesellschaft stärker von diesem Gegensatz geprägt als die heutige. Wir sitzen – vor dem Fernseher, im Büro, im Fastfoodrestaurant – und scheinen die ureigenste Bewegungsform des Menschen vergessen zu haben.

vorgesehen. Unser Körper ist immer noch auf Gebrauch programmiert und ändert sich nicht innerhalb einiger Jahrzehnte Müßiggangs. Tausende von Jahren bräuchten die Gene zur Anpassung an die sich rasant verändernden Bedingungen unserer bewegungsarmen Wohlstandsgesellschaft. Die immer stärker auftretenden Zivilisationskrankheiten sind ein Zeichen dieser biologisch-technischen Diskrepanz.

Aus dem ursprünglichen Jäger und Sammler, Hirtennomaden und Ackerbauern entwickelte sich eine neue Spezies: der Zivilisationsmensch, im Englischen treffender als couch potato bezeichnet. Zwar hat er Infektionskrankheiten und Kindersterblichkeit in den Griff bekommen, dafür plagen ihn heute Herz- und Kreislaufbeschwerden, Übergewicht und Rückenschmerzen.

Todesursache Nummer eins der letzten Jahrzehnte sind Herz-Kreislauf-Erkrankungen, überwiegend durch Bewegungsmangel hervorgerufen. Übergewicht, falsche Ernährung, erhöhte Blutfette und Blutzucker, übermäßiger Alkoholkonsum, Rauchen, zunehmende Umweltbelastungen und Stress sind weitere Risikofaktoren. Aber es gibt mit dem Jogging- und neuerdings auch Walkingboom einen Gegentrend. Der Volks- und Freizeitsport in den Industriestaaten ist eine Erscheinung unserer bewegungsarmen Tage, die Ersatzhandlung einer kopflastigen und sich falsch ernährenden Sitzgeneration, die bei Arbeit und Freizeit körperlich nicht mehr gefordert wird.

Fitness – Dichtung und Wahrheit

Immerhin geben sich viele Menschen ziemlich fit. Diese Fitness reicht von einer sportlichen Kurzhaarfrisur, enger Kleidung und einer Brille im schicken Porsche-Design, über solariumgebräunte Haut bis hin zum Sportwagen mit offenem Verdeck. Wir »surfen« stundenlang im Internet und konsumieren Fitnessgetränke, benutzen Fitnessbeinspray oder Adidas-Duschshampoo. Unser schlechtes Ge-

> **Selbst schuld?**
>
> Nicht nur unsere Lebensweise, die im ungünstigsten Fall von Bewegungsmangel und Fehlernährung geprägt ist, leistet Herz-Kreislauf-Erkrankungen Vorschub. Auch Diabetes mellitus und Bluthochdruck gehören zu den Risikofaktoren.

wissen beruhigen wir mit Ritter-»Sport«-Schokolade. Zudem kennen wir uns bestens in der Bundesliga aus. Wir sind Skifahrer, auch Tennisspieler, aber, mal ehrlich, wie oft eigentlich im Jahr? Vorigen Winter vielleicht ein verlängertes Wochenende oder zuletzt vor zwei Jahren ein Match beim Cluburlaub? Bei den meisten reicht es gelegentlich immerhin noch zum »Gehirnjogging«.

Dies alles sind wohlklingende Labels, die unser Image aufbessern sollen. Dichtung und Wahrheit – Mogelpackung oder echter Inhalt? Ein Blick auf die Waage, die Konfektionsgröße, den Puls oder den Blutdruck erzählt die wahre Geschichte. Noch nie waren wir angeblich so fit und sportlich, und noch nie gab es so viele Übergewichtige wie heute.

Schlank ist nicht gleich fit

Was uns die Werbung vorgaukelt, muss noch lange nicht stimmen: Schlank sein bedeutet nicht, auch wirklich fit zu sein. Vielleicht haben wir unsere Figur mit Lightfood, Hungerdiäten und Rauchen so halbwegs gehalten, aber gleichzeitig haben Herz- und Kreislaufsystem sowie Muskulatur abgebaut. Dabei waren wir doch früher so sportlich. Und dann mit 30, wenn es immer schwieriger wird, das Gewicht zu halten, wenn einem die Puste beim Treppensteigen ausgeht und das Herz rast, wenn die Rückenschmerzen anfangen, kommt einem der nagende Gedanke: »Ich glaube, ich werde alt!«

Das Lauftier in uns

Nachdem wir also im Alter von einem Jahr schon einmal das Gehen gelernt hatten, haben wir scheinbar danach nur noch eins im Sinn: uns diese dem Menschen so ureigenst auf den Leib geschneiderte Bewegungsform über Dreirad, Roller, Kinderfahrrad, Mofa und das heiß ersehnte Auto systematisch abzugewöhnen.

Vielleicht haben Sie das Laufen auch aus Ihrer Schulzeit noch in traumatischer Erinnerung. Ohne regelmäßiges Training mussten Sie sich einem 1000-Meter-Lauf unterziehen – für die meisten ein Ergebnis, das sie glatt vergessen konnten. An diesem Tag haben Sie vielleicht beschlossen, eher ein »Sprintertyp« zu sein. Laufen, Ausdauersport, nein, das liegt Ihnen nicht. Zwar »laufen« viele noch gelegentlich

Mit einem Jahr waren wir und unsere Eltern noch stolz, das Laufen gelernt zu haben. Danach haben wir uns diese natürlichste Form der Bewegung leider schnell wieder abgewöhnt.

Bewegungsmangel und seine Folgen

In München konnten 1986 bei Einschulungstests die Jungen der ersten Klassen aus dem Stand noch 44, 1995 nur noch 34 Zentimeter hoch springen.

in die Stadt, aber eigentlich versteht man darunter gehen. Richtiges Laufen heißt umgangssprachlich rennen. Diese sprachliche Verschiebung kennzeichnet die Bewegungsarmut der modernen Zivilisationsgesellschaft.

Walking made in Finland?

Vielleicht ist Walking doch eher eine skandinavische Erfindung? Finnland ist nicht ohne Grund die Geburtsstätte von Olympiasiegern im Skilanglauf oder Laufdenkmälern wie Paavo Nurmi und Lasse Viren. Die fitten Finnen hatten schon immer einen Hang zum Ausdauersport in der freien Natur. Sie verfügen über einen extrem hohen Wissensstand über Gesundheit und Fitness.

So sind nach einer vom Europarat 1999 in Auftrag gegebenen Fitnessstudie 44 Prozent aller Finnen davon überzeugt, dass sportliche Aktivität zu den zwei wichtigsten Gesundheitsfaktoren gehört. Trivial? In Deutschland sind laut derselben Studie nur 20 Prozent dieser Meinung. 51 Prozent der Finnen halten Bewegungsmangel neben falschem Essverhalten für den wichtigsten Faktor bei der Gewichtszunahme. Auch damit sind sie in der EU die Fitnessgläubigsten. In Deutschland sind übrigens nur 17 Prozent dieser Überzeugung.

Walking ist in Finnland sehr beliebt. 68 Prozent aller Finnen (der EU-Durchschnitt beträgt 31 Prozent) walken oder wandern pro Woche regelmäßig wenigstens eine halbe Stunde am Stück. 67 Prozent aller finnischen Walker trainieren dabei sogar drei Stunden pro Woche und mehr! Vorletzte Nation beim Walking und Wandern war 1999 Deutschland mit nur 23 Prozent, und wir werden nur noch von Portugal mit 20 Prozent unterboten. Finnland hat mit zwei Prozent auch die wenigsten »Sportverweigerer« in der EU. In Deutschland gibt es 13 Prozent und in Portugal sage und schreibe 32 Prozent Sportmuffel. Die Franzosen sind zwar am

Was ist Fitness? *Unter der Lupe*

Allgemein	
▶ Gesundheit	▶ Wohlbefinden
▶ Gute Ernährung	▶ Geistige Mobilität
▶ Körperliche Aktivität	▶ Schlanksein

Im engeren Sinn	
▶ Sportliche Leistung	▶ Herz-Kreislauf-Fitness

schlanksten, rauchen mit 46 Prozent aber am meisten (Deutschland 39 Prozent, Finnland nur 29 Prozent).

Finnland hat in Europa im Fitnesssport also eine Vorbildfunktion. Dass der Pionier für Herzfrequenzmessgeräte Polar eine finnische Firma ist, wundert dann kaum noch. Jeder Fitnesstrend aus den USA wird bei uns sofort mediengerecht vermarktet, und so könnte man glauben, Walking sei eine amerikanische Erfindung. Spazierengehen und Wandern gab es in Deutschland schon immer. Auch in Finnland betreibt man Walking als »kävely« schon lange – auf den mit Sägespänen und Rindenmulch belegten Wegen, den so genannten Finnenbahnen. Auch die Stöcke für das Nordic Walking, die neueste Fitnessvariante im Ausdauersport, sind eine Entwicklung der finnischen Firma Exel.

Entwicklung der Lauf- und Walktreffs in Deutschland

Die Geschichte des organisierten Walkings bei uns ist eng mit der Lauftreffbewegung verknüpft. Die Wurzeln gehen auf die von Carl Diem 1907 in Berlin ins Leben gerufene »Laufgemeinschaft« zurück, die bereits das Gedankengut des heutigen Lauftreffs umfasste. Seit 1947 propagierte der »Laufpapst« Dr. Ernst van Aaken kämpferisch den langsamen Dauerlauf. Der Deutsche Sportbund startete 1970 den Trimmtrab mit dem Slogan »Lauf mal wieder«. Mitte der 1970er Jahre begann das vierjährige Modell »Ein Schlauer trimmt die Ausdauer«, in das später Krankenkassen und Sportartikelfirmen einstiegen. Im März 1974 wurde in Dortmund der erste Lauftreff mit Leistungsgruppen vom Einsteiger bis zum Wettkampfläufer eröffnet. In der ehemaligen DDR entwickelte sich parallel die Kampagne »Eile mit Meile«. Waren damals Läufer eher kuriose Außenseiter, so sind sie heute das »herumlaufende schlechte Gewissen« der noch Inaktiven.

Millionen von Joggern und Walkern trainieren heute in den Stadtwäldern, Parks und Sportanlagen von Flensburg bis Basel. Im Dezember 2002 waren beim Deutschen Leichtathletikverband 3018 Lauftreffs und 1306 Walktreffs registriert. Über die Hälfte der Walktreffs werden in Baden-Württemberg angeboten. Die Gesamtzahl der organisierten Walker schätzt der Verband auf über 100 000. Hinzu kommen viele Betriebssport- und unorganisierte Gruppen und viele Einzel-

In den 1970er Jahren das Symbol für Fitness schlechthin: »Trimmy«, das Trimm-dich-Männchen.

Gehen wird zum Renner: Vor allem ältere Menschen und Frauen schätzen den gelenkschonenden Ausdauersport.

sportler. Es dürfte in Deutschland einige Millionen Läufer und stetig zunehmend Walker geben. Gehen wird zum Renner. Der Boom ist voll im Gange. Das Durchschnittsalter beim Walking liegt um 45 Jahre, und der Anteil der Frauen überwiegt mit 70 Prozent.

Walking und Jogging – Seite an Seite

Die Einsteigergruppen wurden beim Lauftreff schon früher bereits mit Gehpausen an das kontinuierliche Laufen herangeführt. Walking war gewissermaßen der Steigbügelhalter für das Laufen. Als eigenständiger Fitnesssport kam die Anerkennung erst in den 1990er Jahren. 1992 gliederte der Deutsche Leichtathletikverband dem Lauftreff Walking als zusätzliche Gruppe an. Der damalige Bundeslauftreffwart Friedemann Haule hatte Walking in den USA kennen gelernt und erkannt, dass viele Einsteiger auch beim langsamen Laufen noch überfordert sind. Haule war selbst Marathonläufer, betrieb aber wegen Ischiasbeschwerden nur noch Walking.

Beim eher leistungsorientierten Leichtathletikverband war man zunächst skeptisch. Erst als der Deutsche Turnerbund, zu dem auch die Wanderbewegung und der Orientierungslauf gehören, sich um Walking bemühte, wurde man hellhörig. Haule hatte als Filialleiter Süd einer großen Krankenkasse exzellente Kenntnisse über die Gesundheits- und Präventionsproblematik. Der Walkingpionier startete 1992 mit Lesern der Stuttgarter Zeitung eine dreimonatige Aktion »Walking, der sanfte Sport«. Zunächst kamen überwiegend Frauen über 40 zu diesem neuen, von Professor Klaus

Bös wissenschaftlich begleiteten Sportangebot. Die Ergebnisse fielen so positiv aus, dass der Leichtathletikverband 1993 als zuständiger Fachverband Walking in den Lauftreff integrierte.

Ein klassischer Fehlstart

Dennoch tat sich Walking zunächst schwer. Zu sehr wurden zu Beginn das flotte sportliche Gehen und Laufen gegeneinander ausgespielt. Undifferenziert formulierte Argumente wie »Scharen von Joggern haben sich bereits die Knochen kaputtgelaufen, nun kommt Walking, die bessere Alternative« vergrätzten erst einmal die Läufer. Das flotte Gehen mit dem als übertrieben empfundenen Armschwung wurde zunächst nicht ernst genommen. »Lahmes Gewatschel« und »Rumgurkerei« waren abfällige Bezeichnungen, meist von Männern vorgebracht. Ich erinnere mich andererseits auch noch gut daran, auf welches Unverständnis Jogging früher traf.

Pioniere hatten es immer schwer. Heute ist Laufen ein Massenphänomen. Marathonläufer, früher Spinner, sind heute Gladiatoren. Walking oder Laufen ist also keineswegs die bessere oder schlechtere Fitnesssportart, sie ergänzen sich bestens. Es kommt immer darauf an, für wen und wie es betrieben wird. Heute ist der Zorn der Läufer abgeebbt, Walker und Jogger haben den Schulterschluss längst vollzogen.

Auch Laufen war anfangs eher eine »Lachnummer«. Kläffte ein Hund hinter einer Joggerwade her, war der Läufer doch selbst schuld.

Auf die Plätze, fertig, los!
Ein Dutzend Gründe für das Walking

- ▶ Keine komplizierte Technik, einfach (wieder) zu erlernen
- ▶ Auch im (höheren) Alter möglich und sinnvoll
- ▶ Vergleichsweise billige Ausrüstung
- ▶ Kostengünstig: keine Übungsstunden, Liftkarten, Platzmieten …
- ▶ Zeitungebunden: keine Hallen- oder Platzbelegungspläne
- ▶ Alleine oder gemeinsam möglich
- ▶ Geringer Zeitaufwand bei hoher Effizienz für das Herz-Kreislauf-System
- ▶ Relativ hoher Kalorienverbrauch
- ▶ Ganzjährig, auch im Urlaub ab der Haustür machbar
- ▶ Bei jedem Wetter Training in der freien Natur möglich
- ▶ Geringe Verletzungsanfälligkeit
- ▶ Umweltfreundlich: kein Lärm, keine Abgase, geringer Materialbedarf

Frauen und Walking

Walking for Money – die Ursprünge

Es ist kaum zu glauben, aber Walking hat sogar eine professionelle Vergangenheit. Bezahltes Wettgehen, so genannter Pedestrianism, war in den USA und in England im 19. Jahrhundert ein beliebter Männersport. Dienstherren ließen ihre Boten gegen Bezahlung beispielsweise in Sechstagemärschen gegeneinander antreten. Es gab in Amerika bereits ein »Handbook of Pedestrianism«.

Dann brachen Frauen in diese Männerdomäne ein. Die 35-jährige Sängerin und Schauspielerin »Madame Anderson« aus England löste bei einem Ultramarsch 1878 in New York als feministische Frontwalkerin eine regelrechte Massenhysterie aus. Ihre Mammutaufgabe bestand darin, 3000 Viertelmeilen in 3000 Viertelstunden vor zahlendem Publikum zurückzulegen.

Nach anfänglich schwacher Zuschauerbeteiligung lockte sie binnen eines Monats in nur knielangem Kostüm und mit schauspielerischen Gesangseinlagen Tausende, sogar doppelten Eintritt zahlende Fans und auch Gegner in die Mozart's Hall. Geschützt durch Bodyguards beendete sie das Unternehmen schließlich erfolgreich und wurde zum Symbol für die Unabhängigkeit der Frauen – und 40 000 Dollar reicher.

Auswirkungen auf Regel und Hormonhaushalt

Keine Angst, Gesundheits- und Fitnesswalkerinnen haben normalerweise keine Probleme mit Regelstörungen. Es gibt eigentlich selten einen Grund, während der Periode nicht zu walken.

Allerdings nehmen Frauen Menstruationsbeschwerden sehr unterschiedlich wahr, so dass hier jede nach eigenem Befinden entscheiden sollte. Bei vielen Frauen werden einige Beschwerden wie z. B. Krämpfe oder auch Kopfschmerzen sogar geringer und die Blutung kürzer. Depressive Verstimmungen können abgeschwächt verlaufen. Sporterfahrene Ärzte empfehlen Walking sogar als Therapie bei prämenstruellem Syndrom. Leistungssportlerinnen berichten, individuell sehr unterschiedlich, über ein Hoch, teilweise sogar während und nach der Regel. In der zweiten Zyklushälfte sinkt das Leistungsvermögen oft wieder ab.

Bei Mädchen, die frühzeitig mit Wettkampfgehen beginnen, kann sich der Eintritt der ersten Regelblutung verzögern. Bei nicht wenigen sehr austrainierten Leistungssportlerinnen kommen Regelstörungen vor, oder die Menstruation bleibt ganz aus (Amenorrhö). Hier sollte bei längerem Ausbleiben ärztlicher Rat eingeholt werden.

Auch Unfruchtbarkeit ist im Extremfall bei Hochleistungstraining möglich. Die Ursachen sind vielfältig: Es kann eine funktionelle Störung infolge starker Gewichtsabnahme und eines dadurch bedingten niedrigen Körperfettanteils vorliegen sowie Verschiebungen

Von feministischen Frontwalkerinnen und Fitnesstraining für Schwangere

im Hormonhaushalt. Spitzensportlerinnen haben teilweise nur einen Körperfettanteil von 10 bis 14 Prozent; normal trainierte und gesunde Frauen haben dagegen einen durchschnittlichen Körperfettanteil von 20 bis 25 Prozent. Auch physische und psychische Belastungen und Ernährungsfehler wie z. B. extremes Veganertum, Ess-Brech-Sucht (Bulimie), Abführmittelmissbrauch oder die Einnahme von Diätpillen können Ursachen von Unfruchtbarkeit sein.

Das Ausbleiben der Regel kann als eine Anpassung, ein natürlicher Schutzmechanismus aus Urzeiten gedeutet werden. In Hungerzeiten war es nicht sinnvoll, schwanger zu werden. Nach dem Absetzen des Leistungstrainings stellt sich die Monatsblutung normalerweise wieder ein.

Eisenmangel und Walking

Frauen haben einen höheren Eisenbedarf als Männer. Sie haben von Natur aus niedrigere Hämoglobinwerte und weniger rote Blutkörperchen. Hinzu kommen die Blutverluste während der Menstruation und die zum Teil extrem betriebene vegetarische Ernährung vieler Sportlerinnen.

Vor den Wechseljahren ist der Eisenbedarf mit 15 Milligramm am Tag um 50 Prozent höher als bei Männern. Während einer Schwangerschaft ist er mit 30 Milligramm sogar dreimal, während der Stillzeit immer noch doppelt so hoch wie bei Männern. Leistungsorientierte Racewalkerinnen sollten regelmäßig ihre Eisenwerte (Ferritin) bestimmen lassen und bei einer Anämie in Rücksprache mit dem Arzt Ergänzungspräparate einnehmen.

Krebserkrankungen und Osteoporose

Walking reduziert das Fettgewebe – dies ist ein von vielen Frauen gewünschter Effekt. Dabei senkt sich der Östrogenspiegel etwas ab. Wahrscheinlich ist dies der Grund, warum nur halb so viele Ausdauersportlerinnen an Brust- und Unterleibskrebs erkranken wie Untrainierte. Andererseits birgt ein zu niedriger Östrogenspiegel ein erhöhtes Osteoporoserisiko. Ermüdungsbrüche können die Folge sein.

Als Vorbeugung sollte eine Hormontherapie erwogen und frühzeitig auf eine ausreichende Kalziumversorgung geachtet werden. Kaffee, Zigaretten, Stress und Alkohol stören den Kalziumhaushalt beträchtlich. Bei Gesundheitssportlerinnen ohne Regelstörungen hat man andererseits sogar erhöhte Knochendichten gemessen. Der passive Bewegungsapparat, d.h. Knochen, Gelenke und Sehnen, erhält beim Walking gewissermaßen den ständigen Reiz, dass er noch gebraucht wird.

Mit Walking fit durch die Schwangerschaft

Bei Naturvölkern bleiben Frauen in der Schwangerschaft, wie in Vorzeiten, normalerweise auf den Beinen. Auch Plato empfahl schwan-

SPECIAL

Frauen und Walking

geren Frauen Bewegung, aber bestimmt waren damit keine Wettkämpfe gemeint.

Die Exweltrekordlerin im Marathonlauf, Ingrid Kristiansen, bestritt, in Unkenntnis ihrer Schwangerschaft, noch im fünften Monat Marathonrennen – und gewann. Sie joggte bis kurz vor der Geburt ihres Sohnes und nahm das Training bereits neun Tage danach wieder auf. Manche Spitzensportlerinnen laufen erst nach einer Schwangerschaft zur Höchstform auf. So gewann die Norwegerin Kjersti Tysse Plätzer bei den Olympischen Spielen in Sydney im Jahr 2000 die Silbermedaille im Zehn-Kilometer-Gehen als Mutter einer zweijährigen Tochter. Die erfolgreichste deutsche Marathonläuferin, Katrin Dörre, hatte bereits 1988 Olympiabronze in Seoul geholt, lief aber erst nach der Geburt ihrer Tochter ihre persönliche Bestzeit.

Für sehr gut trainierte Frauen wie Läuferinnen kann gerade Walking, Radfahren oder Schwimmen bei normalem Schwangerschaftsverlauf in den Monaten vor der Entbindung die ideale Alternative sein.

Trainieren Sie nach Körpergefühl in Abstimmung mit dem Arzt und mit weniger Ehrgeiz sanft weiter. Vermeiden Sie aber unbedingt intensive und lange Belastungen vor allem bei Wärme. Der Trainingspuls sollte 75 Prozent des Maximalpulses nicht übersteigen. Schon aufgrund der höheren orthopädischen Belastung sollte das Tempo langsamer sein. Der Fötus ist in der Fruchtblase und im Fruchtwasser gut geschützt. Auch sind die Rumpfmuskeln trainierter Mütter stärker. Ein Gymnastikprogramm mit Kräftigung der Bauch- und Rückenmuskulatur sollte jedoch unbedingt beibehalten werden.

Walkerinnen fühlen sich während der Schwangerschaft meist generell wohler, nehmen weniger an unnötigem Gewicht zu, haben oft einfachere Geburten und kommen nach der Entbindung wieder schneller in Form.

Magersucht und Bulimie

In Deutschland leiden wahrscheinlich über 700 000 Frauen an Magersucht (Anorexie) oder Ess-Brech-Sucht (Bulimie). Die Dunkelziffer dürfte sogar noch deutlich höher liegen.

Bei den Betroffenen wird Essen zum Ersatz für Liebe und Geborgenheit. Diese Formen von Essstörungen finden sich nicht selten unter Ausdauersportlerinnen. Bei nationalen und internationalen Spitzensportlerinnen sind sie sogar recht häufig. Bei ihnen hängt die Laufleistung bis zu einem gewissen Grad vom Gewicht ab; insofern kann Sport hier sogar als Alibi und Deckmantel für Magersucht dienen.

An Magersucht erkrankte Menschen verweigern die Nahrungsaufnahme – ein »Spiel« mit der Gesundheit, das sogar zum Tod führen kann. Bei an Bulimie erkrankten Menschen wechseln unkontrollierbare, regelrechte Fressattacken mit Diäten und Erbrechen der

Nahrung ab. Bei den meisten Essstörungen spielt sich vieles in aller Heimlichkeit und in gesellschaftlichen Tabuzonen ab.

Mit jedem Anfall sinkt das Selbstwertgefühl der Betroffenen. Im typischen Fall handelt es sich dabei um überdurchschnittlich intelligente, sportliche, introvertierte Heranwachsende aus »gutem Hause«. Sie stehen oft unter einem hohen Erziehungs- und Erwartungsdruck und sind mit sich selbst unzufrieden.

Diäten bilden oft den Anfang von Essstörungen wie Magersucht oder Bulimie. Ein übertriebener Schlankheitswahn, das Idol der Hungermodels und Barbiepuppen tun ihr Übriges.

Als Ursache werden auch Störungen in der Geschlechtsidentifikation und familiäre Zerrüttung angenommen. Deshalb kann Menschen, die von Magersucht oder Bulimie betroffen sind, eine psychotherapeutische Behandlung nur dringend angeraten werden.

Sanfte Power – »Walkwomen« auf dem Vormarsch

16 Tipps – so walken Frauen sicherer

Frauen sind beim Sport im Freien in erheblich größerem Maß als Männer Belästigungen und sogar Übergriffen ausgesetzt. Dabei muss es sich nicht zwangsläufig um sexuelle Belästigungen handeln: Denken Sie auch an Diebstahl oder Unfälle. Andererseits machte gerade der Walking- und Joggingboom viele Stadtwälder und Parks sicherer.

Seien Sie dennoch auf der Hut. Sie können viel zu Ihrer eigenen Sicherheit beitragen und Gefahren vermeiden:

▶ Gehen Sie zu zweit oder in der Gruppe. »Mitgeher« finden Sie auf jeden Fall beim Walktreff.
▶ Walken Sie mit Ihrem Hund, oder führen Sie einen Vierbeiner von Bekannten aus.
▶ Überzeugen Sie Ihren Partner von den Vorzügen des Walkings (mit Ihnen).
▶ Meiden Sie unübersichtliche und dunkle, unsichere Gegenden.
▶ Trainieren Sie möglichst tagsüber, vielleicht sogar am frühen Morgen.
▶ Variieren Sie Strecke und Trainingszeit, so dass niemand Ihre Gewohnheiten abpassen kann.
▶ Informieren Sie Freunde darüber, wann und wo Sie walken.
▶ Tragen Sie für den Notfall einen Ausweis und vielleicht ein Handy bei sich.
▶ Reagieren Sie nicht auf verbale Attacken.
▶ Tragen Sie keinen teuren Schmuck.
▶ Walken Sie nicht mit »Walkman«, Sie können dann einen Angreifer oder einen Hund nicht hören.
▶ Verstecken Sie Ihren Autoschlüssel (mit Haustürschlüssel?) nicht beim PKW, wie das viele tun.
▶ Nehmen Sie eine Trillerpfeife für Notfälle mit.
▶ Bleiben Sie forsch und selbstbewusst, aber provozieren Sie nicht.
▶ Resolute Frauen gehen mit Tränengas und Elektroschocker in die Offensive.
▶ Erlernen Sie Formen der Selbstverteidigung.

Mit Walking können Sie nicht nur etwas für Ihren Körper tun – Herz-Kreislauf-Errkankungen vorbeugen und das Immunsystem stärken. Mit Walking begeben Sie sich auf eine ganzheitliche Reise zu ursprünglichen Bewegungsabläufen.

Walking und Gesundheit

Bei einer Neujahrsbefragung der Illustrierten »Stern« antworteten auf die Frage: »Was ist Ihr größter persönlicher Wunsch für das nächste Jahr?« 42 Prozent mit »mehr Geld«. Erst auf dem zweiten Rang mit 37 Prozent folgte »mehr Gesundheit« vor »mehr Ruhe und Gelassenheit« mit 31 Prozent.

»Gesundheit ist gewiss nicht alles, aber ohne Gesundheit ist alles nichts!« So brachte es der Philosoph Arthur Schopenhauer auf den Punkt. »Anima sana in corpore sano«, »ein gesunder Geist ruht in einem gesunden Körper«. Diesen ganzheitlichen Ansatz verfolgte schon der römische Satiriker Juvenal vor fast 2000 Jahren.

Auch die WHO (World Health Organization) benutzt eine umfassende Definition: »Gesundheit ist der Zustand des vollkommenen körperlichen, geistigen und sozialen Wohlbefindens.« Gesundheit, auch wahre Liebe und Freundschaft sind Werte, die in der Prioritätenskala selbstverständlich ganz oben stehen sollten. Und wer außer Ihnen selbst könnte sich darum kümmern? Diese Werte kann man nicht delegieren.

> **Anlaufprobleme**
>
> **Sie haben Anlaufschwierigkeiten? Oder ein schlechtes Gewissen, weil Sie noch nicht in Bewegung sind? Vielleicht hilft Ihnen eine alte Volksweisheit weiter: Nicht weil die Dinge schwierig sind, wagen wir sie nicht, sondern weil wir sie nicht wagen, sind sie schwierig.**

No sports – zehn faule Ausreden

Vielleicht haben Sie die Begrenztheit und Endlichkeit Ihrer Fitness und Gesundheit selbst schon einmal erlebt. Fühlen Sie sich schlanker, wenn Sie keine Hosen tragen? Träumen Sie von einer Fitnesswunderpille, anstatt selbst etwas zu tun? Wollen Sie etwas ändern, ohne sich selbst zu verändern?

Mit dieser Einstellung sind Sie gewiss nicht alleine. Aller Anfang ist schwer. Aber dann doch nicht so schlimm, wie man ihn sich ausgemalt hat. Letztlich wird man mit etwas Geduld viel mehr bekommen, als man jemals erhofft hat! Aber Sie müssen einsteigen. Auch die längste Reise beginnt bekanntlich mit dem ersten Schritt.

Aus dem Leben gegriffen

In meiner Trainerpraxis habe ich schon so manches erlebt. Kaum zu glauben, was einige Menschen auf sich nehmen, nur um Bewegungs- und Ernährungsänderungen zu vermeiden, obwohl dies langfristig der einzig sinnvolle Weg ist.

Eine übergewichtige Akademikerin kam zu mir und schilderte mir ihren Leidensweg. Früher wog sie 58 Kilogramm bei Kleidergröße 36. Eines Tages war sie bei rund 85 Kilogramm angelangt. Nichts passte mehr.

Die ganzheitliche Reise

Faule Ausreden – und gute Argumente

Faule Ausrede

▶ Ich laufe den ganzen Tag im Büro oder Haus herum.

▶ Ich habe schon genug Stress.

▶ Alleine macht es mir keinen Spaß, alleine ist es mir zu langweilig.

▶ Es regnet, stürmt, schneit draußen.

▶ Ich würde gerne, wenn es hier ein Fitnesscenter gäbe.

▶ Ich habe Bandscheiben- oder Knieprobleme.

▶ Sport ist Mord, da verletzt man sich nur!

▶ Ich schone mich lieber, das hält mich gesund.

▶ Nein, danke – für Sport habe ich keine Zeit.

▶ Sport ist nichts mehr für Menschen in meinem Alter.

Meine Antwort

▶ Sie »laufen« nicht, sondern gehen mit Pausen. Aber nur mindestens eine halbe Stunde Training am Stück verbessert den Kreislauf und verbrennt ausreichend Kalorien.

▶ Wenn Sie Walking oder Jogging sanft betreiben, bauen Sie sogar Stress ab. Es ist eine Oase der Entspannung.

▶ Sie können in der Gruppe, mit Freunden Sport treiben oder zum Lauftreff gehen. Aber warum gönnen Sie sich nicht auch einfach einmal eine Auszeit nur mit sich selbst?

▶ Mit einer guten Funktionsbekleidung gibt es kein schlechtes Wetter mehr. Bei Regen ist die Luft sogar am saubersten!

▶ Walking und Gymnastik können Sie überall in der freien Natur, ohne Fitnesscenter und auch am Urlaubsort betreiben.

▶ Wer Walking richtig betreibt, wird seinen Bewegungsapparat sogar stärken. Die meisten Menschen müssen zum Orthopäden, weil sie nichts tun.

▶ Das Motto lautet: Fordern, nicht überfordern! Lassen Sie dem Körper Zeit für die notwendigen Anpassungen. Verletzungen treten meist bei Ungeduld, Übereifer und falschem Ehrgeiz auf.

▶ Biologische Strukturen und Funktionen, also Knochen, Gelenke, Muskeln und Herz brauchen einen sanften Erhaltungsreiz. Vom Nichtstun werden sie abgebaut und können verkümmern.

▶ Wer für seine Gesundheit keine Zeit hat, macht in der Lebensplanung etwas falsch. Sie werden feststellen, dass Sie ausgeglichener werden und dadurch effizienter arbeiten. Beim Walking können Sie sogar »Kopfarbeit« leisten, also Zeit gewinnen.

▶ Insbesondere Walking ist die naturgemäße Bewegungsform des Menschen. Walking ist in jedem Alter möglich und sinnvoll.

Nach unzähligen erfolglosen Diäten versuchte sie, den Stoffwechsel mit Schilddrüsenhormonpräparaten anzukurbeln. Die Nebenwirkungen waren fatal. Nachdem auch das quälerische Verfahren mit Kältezittern in einer Kühlkammer scheiterte, entschloss sie sich zum Fettabsaugen. Danach war das Fett am Bauch zwar weg, da sie aber sonst nichts änderte, sammelte es sich nun am Po. Und es kam noch schlimmer: Die Bauchhaut war nach der Operation taub geworden und erforderte eine weitere Operation. Nach diesen erfolglosen Versuchen kam sie zu mir, um das Problem Inaktivität und zu fette Ernährung mit zu viel Alkohol nun doch ursächlich anzugehen. Das hatte nachhaltigen Erfolg. Über Walking nahm sie ab, lernte Jogging und rannte sogar bei Volksläufen mit.

Das Beispiel Joschka Fischer

Als Joschka Fischer mit 112 Kilogramm und Angst vor dem Herzinfarkt sein Leben änderte, hatte er nach eigenen Worten »nur noch den Aktionsradius eines Bierdeckels«.

Auch Joschka Fischer riss mit 48 Jahren als Fraktionssprecher der Grünen das Ruder noch rechtzeitig herum. Mit 112 Kilogramm, gescheiterten Diäten und Angst vor einem Herzinfarkt änderte er sein Leben radikal. Er stellte im Herbst 1996 seine Ernährung auf mediterran geprägte Vollwertkost um und begann zu joggen. Er wusste als hervorragender Autodidakt, dass man mit Laufen pro Zeiteinheit seine Kalorien am schnellsten abbauen kann. Bei seinem Gewicht hätte er eigentlich erst mit Walking starten müssen. Glücklicherweise hatte er keine orthopädische Fehlstellung und fing mit nur 500 Metern Jogging an.

Er hatte zunächst Vorbehalte gegenüber dem Laufen, das er für »sterbenslangweilig, nervtötend und ätzend« hielt. Als ich im Sommer 1997 sein Marathontraining übernahm, war er längst ein Lustläufer geworden.

Mit 50 Jahren und 74 Kilogramm beendete er 1998 den Hamburgmarathon im ersten Drittel des Teilnehmerfeldes und lief später in New York City und Berlin mit. Es ist also für einen Einstieg nie zu spät. Auch als Außenminister joggt er drei- bis fünfmal in der Woche. Laufen ist für ihn darüber hinaus Stressbewältigung und Meditation zugleich. Es ist ihm die »naturgemäßeste Droge«. Viele nehmen sich Fischer als Vorbild.

Man hat nur die Zeit, die man sich nimmt

Wenn der Außenminister mit seinen vielen Verpflichtungen und Reisen Zeit zum Laufen findet, müsste es eigentlich jeder können. Er ging damals seinen Terminplan durch, schuf sich Freiräume für seine Gesundheit. Er sah beispielsweise, dass er unnötig mehrere Abende in der Woche in der Kneipe verbrachte. Er kompensierte Stress früher mit Rauchen. Nachdem er hessischer Umweltminister gewor-

Walking wird derzeit vor allem von älteren Menschen betrieben. Doch auch Jüngere können das Training problemlos in ihren Zeitplan einbauen.

Dem Infarkt davongelaufen: Joschka Fischer.

den war, gab er das Rauchen auf, wurde Frustesser und frönte dem Weingenuss – eine Abwärtsspirale zur Stresskompensation, auf der sich viele befinden.

Kurz nachgerechnet

Die Woche hat 168 Stunden, davon werden etwa sieben Stunden pro Tag verschlafen. Es bleiben 119 Stunden. Zieht man die Arbeitszeit von 40 bis 70 (Manager) Stunden ab, so bleiben etwa 79 bis 49 Stunden für sonstige Tätigkeiten übrig. Der Gesamtaufwand für ein Gesundheitsfitnessprogramm von dreimal Walking plus Gymnastik beträgt aber nur rund fünf Stunden pro Woche (dreimal 45 Minuten plus dreimal 15 Minuten Gymnastik, zuzüglich Umziehen und Duschen). Das sind demnach nur zehn bis sechs Prozent des Freizeitbudgets und nur drei Prozent der Gesamtwochenstunden für Ihre Gesundheit!

Es kommt natürlich darauf an, ob Sie über Ihre Zeit frei verfügen können. Aber auch eine Mutter wird ausgeglichener und zufriedener sein, wenn sie mit sich selbst gut klarkommt. Das kann man den Familienmitgliedern auch mitteilen. Ein Manager findet Zeit am Morgen vor der Arbeit – die kann keiner ihm nehmen, hier gibt es keinen Termin. Und am Wochenende gibt es generell kaum eine Ausrede.

Den Stress tue ich mir nicht an

Nachdem Sie sich etwas Zeit freigeschaufelt haben, bleibt die Angst vor dem möglichen Sportstress. Bekanntlich gibt es zwei Arten von Stress: zerstörerischen Disstress (Überforderung im Sinne von »Das schaffe ich nicht«) und aufbauenden Eustress (Herausforderung im Sinne von »Das kann ich gut«). Wohin gehört Ihr neues Sportprogramm?

Obwohl uns noch nie so viel Freizeit zur Verfügung stand, klagen über 60 Prozent aller Deutschen laut Umfragen über zu viel Stress und zu wenig Zeit.

Sportstress oder Oase der Entspannung? Wer die Walkingschuhe schnürt, baut durch Bewegung den Adrenalinstau auf natürliche Weise ab.

Betrachten wir nochmals unser biologisches Erbe. Eine typische Stresssituation für den Urmenschen bestand darin, beim Umherstreifen plötzlich einem Bären oder Löwen gegenüberzustehen. In solchen Stresssituationen schüttet der Körper in Sekundenschnelle Stresshormone (Adrenalin, Noradrenalin, Kortisol) aus. Das Blut wird schnellstmöglich aus den Eingeweiden in die Muskulatur umverteilt, der Blutdruck steigt, das Herz rast, die Nackenhaare sträuben sich. Überlebensnotwendige Reaktionen, die den Urmenschen auf Flucht oder Angriff vorbereiteten.

Eine Form von Eustress

Wenn uns heute im Büro der Chef nochmals einen Aktenstapel hinlegt, obwohl wir gedanklich eigentlich schon im Wochenende waren, kommt ebenfalls Stress auf. Eigentlich werden wir durch den Adrenalinausstoß auf eine körperliche Reaktion, die wiederum zum Abbau der Stresshormone führt, vorbereitet. Das wäre der natürliche Weg. Der Urmensch hätte auf diese Situation mit Flucht oder Angriff reagiert. Danach hätte er sich erst mal besser gefühlt. Wir Büromenschen jedoch bleiben sitzen und köcheln und schmollen im Hormonstau vor uns hin. Auf dem Heimweg schimpfen wir dann über den langsamen Berufsverkehr, und zu Hause herrschen wir die Familie an. In unserer Sitzgesellschaft fehlt das Ablassventil Bewegung. Wer jetzt die Walkingschuhe schnürt, baut den Adrenalinstau auf natürliche Art und Weise ab. Walking oder Jogging sind sanft betrieben also Eustress.

Langsam, aber sicher zum Erfolg

Bedeutet schneller zu sein auch besser zu sein? Wir leben in einer hektischen Zeit, in der Action, Zappen, schnelle Videoschnitte, Informations- und Reizüberflutung und die Prozessorgeschwindigkeit eine Rolle spielen. »Schneller, höher, weiter!« Lieber tot als Zweiter. So lautet das Motto. Ein Hähnchen ist nach vier Wochen schlachtreif. Leistungsdruck, Burnout-Syndrom, Hire and Fire, Wegwerfgesellschaft bis hin zum »Lebensabschnittspartner«. Das Leistungskarussell dreht sich in einem atemberaubenden Tempo, und keiner sagt: »Halt! Tief durchatmen.« Wir kommen nicht mehr zum Nachdenken, haben keine Zeit zur Muße und Entspannung, machen viele halbe Sachen. Die Kraft der Langsamkeit wird nicht mehr wahr- und ernst genommen. Dem Fastfood wird heute das Slowfood gegenübergestellt. Das bedeutet nicht nur, das Essen in Ruhe zu genießen, sondern auch, langsam und ökologisch verantwortlich zu produzieren. Ein Geheimnis der mediterranen Diät liegt in ihrer Zusammensetzung, mit der wir uns später noch beschäftigen wollen; ein anderes in der daran gekoppelten südlichen Lebensart. Sich Zeit nehmen, Siesta halten, nicht alles so eng sehen, gelassener werden, Gefühle zeigen.

Steter Tropfen höhlt den Stein

Ist Walking nicht zu langsam? Wieso wird man durch sanftes Walking fitter? Laotse benutzte das Beispiel vom Wasser: Es fließt nie über den Berg, immer um ihn herum, aber es wird ihn doch abtragen. Steter Tropfen höhlt den Stein, Eile mit Weile. Die Natur ist ein guter Lehrmeister. Ein Samenkorn muss in die Erde gesteckt werden und lange gegossen, gehegt und gepflegt werden, bis letztlich ein Apfelbaum mit herrlichen Früchten daraus wächst. Jeder Trend erzeugt einen Gegentrend. Schnelligkeit zur rechten Zeit kann richtig sein. Aber wer ein wenig nachdenkt, weiß, dass auch die Langsamkeit notwendig ist.

Vielleicht sehnen wir uns danach:
▶ Gemütlich ins Restaurant zu gehen
▶ Einen gereiften Wein zu genießen
▶ Mal wieder ganz in Ruhe ein Buch zu lesen

▶ Uns genüsslich und ausgiebig massieren zu lassen
▶ Ein tief gehendes Gespräch mit Freunden zu führen
▶ Mal wieder in Ruhe über uns selbst nachzudenken

Auch der Ausdauersport ist ein guter Lehrmeister. Das Leben ist ein Marathon. Im Sport glauben viele, wenn es nicht weh tut, kann es nichts bringen. Im Sport zählen zwar fast nur noch Höchstleistungen, aber auch hier siegt die Kunst der Anspannung und Entspannung. Ein Weltklassemarathonläufer läuft rund 95 Prozent seines Trainings im ruhigen »grünen« Bereich der Grundlagenausdauer. Hier geschehen die meisten wichtigen Anpassungen. Nur wenige Tempoeinheiten sind die Spitze der Pyramide. Ein Trainingsreiz muss erst verdaut werden. Die Muskelzellen, Blutgefäße, Gelenke und Knochen müssen Zeit haben, um in die Belastung hineinzuwachsen.

Das Training ist eigentlich nur so gut, wie es vor- und nachbereitet wird. Unser Kopf ist oft schneller, als sich

Nehmen Sie sich zur Abwechslung doch einmal richtig Zeit – zum Dehnen vor und nach dem Training, für das Training selbst. Gehen hat etwas ausgesprochen Kontemplatives.

Gegen die Uhr anlächeln: Schlagen Sie dem Zeitdruck, der Ihren Lebensrhythmus bestimmt, doch gelegentlich mal ein Schnippchen!

der Körper anpassen kann. Regeneration statt Übertraining und Dauerstress. Weniger kann also mehr sein – Ausdauertraining ist eben kein Sprint!

Lächeln statt hecheln!

Für die ruhigere Gangart – also das Walking – gibt es viele überzeugende Argumente:

- Sie ist der wirksame Trainingsbereich für das Herz-Kreislauf-Training.
- Sie birgt ein vermindertes orthopädisches Risiko.
- Sie stabilisiert den passiven Bewegungsapparat.
- Die Regenerationsdauer ist deutlich kürzer.
- Die Durchblutung wird durch die vermehrte Kapillarisierung verbessert.
- Die Sauerstoffspeicher im Muskel (Myoglobin) nehmen zu. Zudem hat man einen Sauerstoffüberschuss.
- Das Immunsystem wird gestärkt.
- Die Mitochondrien werden vermehrt und vergrößert.
- Der Kalorienverbrauch beim Walking geschieht zum großen Teil über die Fettverbrennung.

> **Check-up**
>
> **Bevor Sie mit einem Gesundheitstraining beginnen, sollten Sie sich von Ihrem Hausarzt oder einem Sportmediziner untersuchen lassen. Dies ist umso wichtiger, je älter Sie sind und je länger Sie keinen regelmäßigen Sport mehr ausgeübt haben.**

Schneller werden mit langsamem Training?

Stellen Sie sich vor, Sie wären Hochspringer und wollten eine Höhe von zwei Metern meistern. Versuchen Sie nun, im Training diese Höhe zu überspringen? Nein, denn Sie können es noch gar nicht. Man fängt viel weiter unten an, schafft die Höhe, verbessert die Technik und legt die Latte langsam immer höher.

Beim Walking lernt man, durch eine kontinuierliche submaximale Belastung voranzukommen. Obwohl man nie an die Grenzen geht, wird man im Lauf von Wochen und Monaten immer weiter gehen und dabei sogar schneller werden. Viele, für die Walking genau richtig wäre, können das einfach nicht glauben. Sie glauben, Walking sei nicht intensiv genug. Meist sind es Männer, die sich dann beim Laufen abquälen. Dabei kommt es sowohl unter gesundheitlichen Aspekten als auch für leistungsorientierte Ziele im Aus-

dauersport viel mehr auf die Regelmäßigkeit, Dauer und Häufigkeit des Trainings an.

In meinen Seminaren zum Thema »Laufen und Walking« werde ich am häufigsten gefragt: Wie werde ich schneller? Den meisten mangelt es nicht an Intensität; sie trainieren jedoch zu selten und zu kurz. Das Training ist dann meist so heftig, dass sie den Sport als Stress empfinden, sich möglicher- und völlig unnötigerweise verletzen und schon gar nicht abnehmen, weil beim intensiven Training kein Fett verbrannt wird. Kurzum, sie bringen sich um den ganzen Spaß.

Walking als Prävention

Das bringt Walking

Vorsicht, wenn Sie weiterlesen, könnten Sie süchtig werden! Wer den richtigen Einstieg findet, begibt sich beim Ausdauersport auf eine lebenslange ganzheitliche Reise.

Sie kennen das tapfere Schneiderlein? Es erschlug »Sieben auf einen Streich«. Beim Walking erledigen Sie viel mehr. Es gibt über doppelt so viele Argumente, mit dem Walken anzufangen. Eines davon ist, dass Ausdauersportler durchschnittlich zwei Jahre älter werden als Untrainierte. Wenn Sie das erste Mal Ausdauersport treiben, wollten Sie vielleicht »nur« abnehmen oder Herz und Kreislauf in Schwung bringen. Nach ein paar Wochen regelmäßigen Walkings werden Sie jedoch merken, dass sich im Kopf und im Körper noch viel mehr, sozusagen en passant, also gewissermaßen im Vorübergehen verändert:

▶ Sie verbessern Ihre Ausdauer.
▶ Sie erreichen Ihr Normal- oder sogar Ihr Idealgewicht.
▶ Fett wird abgebaut, und es kommt zu einem Muskelzuwachs.
▶ Sie bekommen knackigere Formen: Walking ist ein ideales Training für Bauch, Beine und Po.
▶ Es wird Ihnen leicht fallen, Ihre Ernährung umzustellen.
▶ Herz und Kreislauf werden allmählich belastungsfähiger.
▶ Das Immunsystem wird gestärkt. Sie leiden weniger unter Erkältungen.

Ein Besuch beim Sportmediziner empfiehlt sich auf jeden Fall ab einem Alter von 35 Jahren. Auch wenn Sie orthopädische Probleme haben oder stark übergewichtig sind, sollten Sie sich zunächst ärztlichen Rat einholen.

Ein scheinbares Paradoxon

Eine sinnvolle sportmedizinische Konsultation sollte neben Blutwerten und Belastungs-EKG auch eine Herz- und Gefäßultraschalluntersuchung umfassen.

▶ Sehnen und Knochen werden stabiler, die Gelenke beweglicher.
▶ Sie bauen Stress ab, ohne sich zu verausgaben.
▶ Sie haben mehr Zeit zum Nachdenken, Entspannen und Meditieren.
▶ Nach den ersten Erfolgen erweitern Sie Ihre körperlichen und auch geistigen Grenzen.
▶ Sie bringen Körper, Geist und Seele ins Gleichgewicht.
▶ Sie werden weniger anfällig für depressive Verstimmungen, Rauchen, Trinken oder gar Drogen.
▶ Sie haben Spaß beim Sport an der frischen Luft und kommen auch Ihrer eigenen Natur näher.

Das Training in der freien Natur kann vor allem auch sehr heilsam für die Seele sein. Lassen Sie Ihre Gedanken schweifen, und schöpfen Sie neue Kräfte.

Ist Walking demnach ein Allheilmittel? Nicht ganz, aber es ist bestimmt ein wichtiger Schritt in diese Richtung. Eigentlich sollen Sie nur das tun, was Mutter Natur in Ihrem biologischen Programm ohnehin schon vorgesehen hat: Der aufrechte Gang, nicht das Sofa, ist das biologische Kennzeichen des Menschen. Und unsere Gene haben sich auch im Lauf von Jahrhunderten nicht geändert. Sie sind auf Bewegung programmiert! Ökonomisch und hocheffizient, wie die Natur nun einmal arbeitet, hat sie in die Fortbewegung des Menschen, in das Sammeln und Jagen gleichzeitig einen wunderbaren »Selbstschmiermechanismus« eingebaut.

Biologische Systeme müssen gefordert werden

Es ist eine altbekannte Weisheit: Wer rastet, der rostet. Biologische Systeme erfordern im Gegensatz zu technischen zu ihrer Erhaltung oder Verbesserung einen entsprechenden (Trainings-)Reiz. Ein Gelenk muss durch Bewegung geschmiert werden, sonst wird es steif. Wenn ein Muskel nicht benutzt wird – z. B. im Gipsverband –, baut er schnell ab.

Dasselbe gilt auch für ein unterfordertes Herz-Kreislauf-System. Astronauten müssen sogar manchmal nach längeren Weltraumaufenthalten, wenn sie nicht mehr der Schwerkraft ausge-

Biologische Auswirkungen

Herz	Volumenzunahme, Ruhe- und Arbeitspulssenkung, bessere Durchblutung der Herzkranzgefäße
Kreislauf	Vermehrte Ausbildung kleinster Blutgefäße (Kapillaren), dadurch bessere Sauerstoff- und Nährstoffzufuhr, höhere Elastizität der Gefäße, geringeres Thrombose- und Arterioskleroserisiko, Regulierung des Blutdrucks, bessere Temperaturregulation
Blut	Absenkung des schädlichen LDL-Cholesterins und der Triglyzeride, Anhebung des schützenden HDL-Cholesterins, verbesserte Regulation des Blutzuckerspiegels, bessere Pufferkapazität und Fließeigenschaften des Blutes
Immunsystem	Erhöhte Infektabwehr, weniger Erkältungskrankheiten
Darm	Geringere Neigung zu Verstopfung oder Darmblutungen
Lunge	Vermehrte Kapillarisierung und höhere Atemökonomie, weniger Asthmaanfälle
Muskeln	Höhere Ausdauerleistungsfähigkeit und Straffheit, bessere Durchblutung und größere Energiespeicher
Skelett	Höhere Dichte und Festigkeit der Knochen, weniger Rückenbeschwerden
Gelenke	Höhere Beweglichkeit und verringerte Degeneration
Gewicht	Aktivierung des Fettstoffwechsels, erhöhter Arbeitsumsatz, dauerhafte Gewichtsreduzierung
Altern	Verzögerung des Alterungsprozesses und höhere Lebensqualität im Alter

setzt sind, eine Zeit im Rollstuhl verbringen und erst wieder gehen lernen. Den Computer oder ein Radio kann man im Gegensatz dazu auch nach zehn Jahren Pause wieder einschalten, und das Gerät läuft noch wie zuvor!

Weniger schlapp im Alltag

Auf Ihrer ganzheitlichen Reise verbessern Sie also die Ausdauer, d. h. die Fähigkeit, sich gegen Ermüdungserscheinungen zur Wehr zu setzen. Sportwissenschaftler messen hierzu die maximale Sauerstoffaufnahme. Diese ist bei Leistungssportlern ungefähr doppelt so hoch wie bei Untrainierten.

Die maximale Sauerstoffaufnahme hängt davon ab, wie gut Sauerstoff im Körper verteilt und verwertet werden kann. Mit einem regelmäßigen Ausdauertraining wird die Leistungsfähigkeit des Herzens, der Lunge und des Kreislaufs verbessert. Der Muskelstoff-

Die lebenslustigen, fitten Grauhaarigen machen den Jüngeren Mut. Bei welcher Sportart können Enkel und Oma schon gemeinsam trainieren?

wechsel gewinnt mit Sauerstoff aus den Brennstoffen Fett und Kohlenhydraten allmählich immer besser Energie. Praktisch bedeutet das, dass Sie im Alltag nicht so schnell schlapp machen. Ihnen kann ein bisschen Treppensteigen nichts anhaben. Sie werden auch weniger unter Wetterfühligkeit, Hitze, Schwüle oder Kälte leiden. Beim Walking können Sie nach einiger Zeit immer länger und flotter unterwegs sein. Aktivurlaube oder Bergwanderungen werden kein Problem mehr sein. Selbst Ihr Sexualleben wird von Ihrer neuen Ausdauer profitieren: strafferer Körper, bessere Durchblutung, größeres Selbstwertgefühl.

Für Walking ist man nie zu alt

Walking ist hervorragend nicht nur für junge, sondern auch für ältere Menschen geeignet. Die starke Zunahme gerade der Senioren bei Lauf- und Walktreffs zeugt davon, und das höhere Durchschnittsalter der Weltklasseathleten im Ausdauersport ist ein weiteres Anzeichen hierfür.

Oft glauben wir, dass mit zunehmendem Alter nichts mehr läuft. Nicht so im Ausdauersport! Mit den Jahren wird der Schnellkraftsport orthopädisch immer riskanter, das Leistungsvermögen von Walkern, Läufern, Radfahrern und Skilangläufern nimmt aber bei weitem nicht so rasch ab wie bei Sprintern. Ich selbst bin mit 42 Jahren noch in der Marathonweltklasse mitgelaufen. Wer spät einsteigt, wird für einige Jahre sogar noch besser werden!

Denken Sie beispielsweise an Joschka Fischer. Mit 48 extrem übergewichtig und herzinfarktgefährdet, mit 50 macht er eine gute Figur und wird

Vergleicht man die Leistungen verschiedener Altersklassen relativ zueinander, so zeigt sich, dass Trainierte die Fitness eines 20 Jahre jüngeren Normalbürgers haben können. Kombiniert nach H. H. Dickhut / Shok, 1994, und H. Steffny. Stand: Juli 1998.

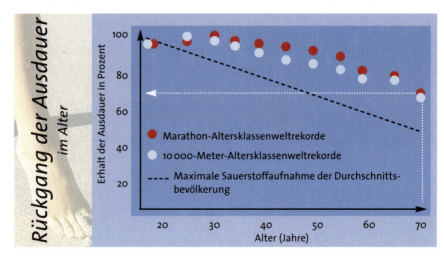

Marathonläufer! Beim New-York-City-Marathon 1990 erlebte ich, wie drei über 90-jährige Läufer gegeneinander antraten. Sportmuffel Winston Churchill hat ein so hohes Alter nie erreicht. Einer der topfitten alten Herren erzählte mir hinterher die nahezu unglaubliche Geschichte, dass er mit 74 auf Rat seines Arztes überhaupt erst mit Sport angefangen habe. Über Walking lernte er Jogging und dann noch Marathonlauf! Jedem Walk- oder Lauftreff gehört heute ein gut trainierter älterer Herr oder eine sportbewusste ältere Dame an. Plötzlich ist das Alter nicht mehr bedrohlich. Im Gegenteil: Es wird zur Herausforderung.

Verringerung des Herzinfarktrisikos

Mit über 50 Prozent sind Herz-Kreislauf-Erkrankungen heute Todesursache Nummer eins. Früher überwogen Infektionskrankheiten und Kindersterblichkeit.

Herz-Kreislauf-Erkrankungen sind eine typische Zivilisationserscheinung. Meist sind Fehlverhalten – sei es nun in Bezug auf Bewegung oder Ernährung – und auch mangelnde Information hierfür verantwortlich. Auch die Werbung lullt uns mit trügerischen, verführerischen und gesundheitsschädlichen Botschaften ein. Kennen Sie noch den ehemaligen Slogan einer Zigarettenfirma? »Rauche eine HB – und alles geht von selbst!« Ja, was denn? Ein Raucherbein kann nicht mehr gehen! Das Risiko, einen Herzinfarkt oder Schlaganfall zu erleiden, ist nur teilweise genetisch bedingt, aber in vielen Fällen beeinflussbar und sogar vermeidbar.

Nur drei Prozent aller Todesfälle gehen heute auf das Konto von Verkehrsunfällen. Mit Airbag, ABS und Seitenaufprallschutz betreibt die Autoindustrie einen ungeheuren Sicherheitsaufwand. Über Risikovermeidung durch Ausdauersport oder gesunde Ernährung erfahren wir aber meist nur sehr wenig. Hier müsste die Gesundheitspolitik effizienter ansetzen. Denn gerade durch Ausdauersport kann vielen Herz-Kreislauf-Erkrankungen wirksam vorgebeugt werden. Zu den Risikofaktoren zählen u. a.:

- Rauchen
- Diabetes mellitus (vor allem Typ 2)
- Bluthochdruck (Hypertonie)
- Erhöhter Cholesterinspiegel
- Bewegungsmangel
- Übergewicht
- Stress

Die genannten Risikofaktoren können Sie mit Walking und gesunder Ernährung zum großen Teil vermeiden oder zumindest abschwächen. Neben den genannten Faktoren gibt es allerdings auch ein nicht beeinflussbares genetisches Risiko. Da Sie sich Ihre Eltern aber nicht aussuchen können,

Fit auch im höheren Alter: Walking macht's!

Auch Medikamente können den Puls beeinflussen. Blutdrucksenkende Mittel wie z. B. Beta-Blocker senken Ihre Pulswerte trotz hoher Belastung trügerisch!

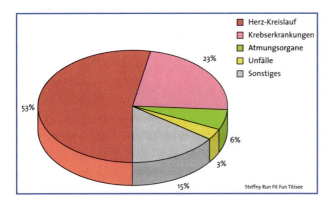

Die häufigsten Todesursachen in den Industrienationen.

Koronare Herzerkrankungen und Risikofaktoren, verändert nach W. B. Kannel, T. Gordon, 1974.

sollten Sie versuchen, das Risiko durch Sport so gering wie möglich zu halten. Ausdauersport stabilisiert und reguliert Blutdruck, Blutzuckerspiegel und Cholesterinwerte gleichermaßen. Durch Walking wird nicht nur der Gesamtcholesterinspiegel gesenkt, der Anteil des schützenden HDL-Cholesterins wird sogar erhöht. Dafür muss man sich keineswegs durch ein intensives Training verausgaben. Eine Teilnehmerin meiner Seminare berichtete mir, nachdem sie das langsamere Lauftraining praktiziere, hätte sich nicht nur ihre Halbmarathonbestzeit verbessert, sondern auch ihr Gesamtcholesterin bei gestiegenem HDL-Wert binnen einiger Monate von 242 auf 192 mg/dl vermindert. Damit konnte sie ihre Medikamente absetzen. So gesehen war das Lauftraining, das sie acht Jahre lang betrieben hatte, für ihre Gesundheit und Bestzeit viel zu »schnell«. Ihre behandelnde Ärztin begann daraufhin selbst mit Sport.

Riskante Potenzierung

Meist wirken mehrere Risikofaktoren zusammen und verstärken sich gegenseitig. Übergewicht steigert beispielsweise das Diabetesrisiko enorm. Und den meisten Menschen ist ihr Risikoprofil gar nicht bewusst. Erhöhte Cholesterin- oder Blutdruckwerte werden von den Patienten oft nicht bemerkt. Hinzu kommt, dass sich die Risikofaktoren sogar noch potenzieren. Bei einem Raucher, der zudem noch starkes Übergewicht und erhöhte Cholesterinwerte hat, steigt die Wahrscheinlichkeit immens an, einen Schlaganfall oder Herzinfarkt zu erleiden.

»Venenwalking« bei Besenreisern und Krampfadern

Walking senkt nicht nur die Blutfettwerte, auch die Durchblutung wird verbessert. Die aktivierten Beinmus-

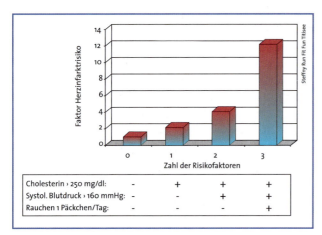

keln pumpen das venöse Blut zum Herz zurück, was bei einer überwiegend sitzenden Tätigkeit sonst in den Beinen versacken würde. So beugen Sie beispielsweise Thrombosen oder den unschönen Besenreisern vor und mildern Beschwerden bei Krampfadern.

Therapeutisches Gehtraining und Koronarsportgruppen

Zur Rehabilitation nach Schlaganfällen, Herzinfarkten oder auch während einer Krebstherapie werden Herzsportgruppen (Koronarsport) oder ein ärztlich betreutes therapeutisches Gehtraining mit speziell geschulten Übungsleitern angeboten. Ein solches Training hat sich auch bei Suchttherapien oder Depressionen bewährt.

Hatte man früher sicherheitshalber den Schongang empfohlen, so weiß man heute, dass die Betroffenen durch sanften Ausdauersport nicht nur eine soziale Reintegration erfahren, sondern sogar wieder an ihre nahezu vollständige Belastungsfähigkeit bis hin zum Marathonlauf herangeführt werden können.

Den gleichen Ansatz verfolgen auch Programme, die beispielsweise von der Berliner Forschungsgruppe um Dr. Fernando Dimeo bei der Krebsrehabilitation eingesetzt werden. Es hat sich gezeigt, dass Walking vor, während und nach der Tumortherapie die Nebenwirkung der Chemotherapie vermindert und die Lebensqualität der Patienten erhöht. Die Patienten haben auf diese Weise die Möglichkeit, aktiv in den Heilungsprozess einzugreifen, was positives Denken und den Überlebenswillen fördert.

Stabile Knochen durch Bewegung

Ab dem 35. Lebensjahr baut nicht nur die Muskulatur ab. Auch unsere Knochen werden poröser und damit verletzungsanfälliger. Nichtstun fördert das Osteoporose- und Arthroserisiko, von dem vor allem auch Frauen aufgrund der nachlassenden Hormonproduktion betroffen sind.

Moderate Bewegungsformen wie Walking und Nordic Walking sind bei Verschleißerscheinungen und Beschwerden am Bewegungsapparat in Absprache mit einem sporterfahrenen Arzt besonders zu empfehlen. Beim Laufen prallen Sie je nach Geschwindigkeit mit dem Zwei- bis Vierfachen Ihres Körpergewichts auf den Untergrund. Für gesunde, stabile Jogger stellt das kein Problem dar. Bei Übergewicht, starken orthopädischen Fehlstellungen, Rücken- oder Gelenkproblemen ist Walking jedoch weitaus schonender. Dabei landen Sie nur mit dem Ein- bis Zweifachen Ihres Gewichts. Dennoch wird das Herz-Kreislauf-System ausreichend trainiert.

Bereits vor Jahrzehnten haben sich Ärzte wie beispielsweise der Freiburger Professor Joseph Keul und der streitbare Dr. Ernst van Aaken für die »schonungslose Therapie« des Ausdauersports zur Rehabilitation nach Herzinfarkten eingesetzt.

Die Droge Walking statt Rauchen

Raucher leben riskanter, und rauchende Sportler trainieren ineffizient. Leider haben in diesem Bereich die Frauen stark aufgeholt. Nicht wenige möchten mit dem Glimmstängel ihr Gewicht kontrollieren, Stress kompensieren und »in« sein. Sie befinden sich aber auf einer Abwärtsspirale. Die Zeitbombe tickt bereits:

▸ Die Lungenfunktionen werden behindert, es gelangt weniger Sauerstoff in den Körper.
▸ Kohlenmonoxid blockiert nachhaltig die Sauerstoffbindung an den roten Blutfarbstoff Hämoglobin.
▸ Nikotin wirkt gefäßverengend und dadurch blutdrucksteigernd.
▸ Arteriosklerose-, Schlaganfall- und Gefäßverschlussrisiko sind erhöht.
▸ Die Blutzellen verklumpen leichter, das Thromboserisiko steigt – vor allem bei gleichzeitiger Einnahme der Antibabypille.
▸ Rauchen verschlechtert die Durchblutung. Bei Männern ist Rauchen der Hauptgrund für Impotenz.
▸ Rauchen hält vielleicht schlank, macht aber auf keinen Fall fit! Raucher wiegen tatsächlich durchschnittlich zwei bis vier Kilogramm weniger als Nichtraucher. Nicht rauchende Ausdauersportler liegen allerdings noch weit unter dem Gewicht der Raucher.

Crosstraining
Ausdauersportarten im Vergleich

	Kreislauftraining	Krafttraining	Koordinationstraining	Kalorienverbrauch	Verletzungsrisiko	Zeitaufwand	Materialaufwand
Walking	+++	++	++	++	+++	++	+++
Nordic Walking	+++	+++	+++	+++	+++	++	++
Jogging	+++	++	++	+++	++	+++	+++
Aquajogging	+++	++	++	++	+++	++	+++
Schwimmen	+++	++	+++	++	+++	++	+++
Skilanglauf	+++	+++	+++	+++	++	++	++
Inlineskating	+++	++	+++	++	+	++	++
Radfahren	+++	++	++	++	++	++	++
Rudern	+++	+++	++	+++	++	++	+

+++ = sehr günstig, ++ = mittel, + = nicht so günstig

Die ganzheitliche Reise

Rauchen hemmt die Libido und ist Hauptverursacher von Impotenz. Walking, Laufen und – ganz allgemein – die Bewegung an der frischen Luft heben die Stimmung und steigern die Lust an der Lust.

▸ Raucher erkranken 10- bis 20-mal häufiger an Lungenkrebs.
▸ Raucher sterben durchschnittlich vier bis fünf Jahre früher. Jede Zigarette verkürzt Ihr Leben statistisch um acht Minuten.
▸ Nach einem Jahr Nichtrauchen sinkt das Herzinfarktrisiko um die Hälfte. Nach zehn Jahren Nichtrauchen sinkt das Lungenkrebsrisiko um 50 Prozent. Doch erst nach 14 Jahren gleicht sich das Risiko den »Niemalsrauchern« an.

Betreiben Sie also lieber Ausdauersport, anstatt das Hungergefühl mit Rauchen zu dämpfen oder Stress mit dem Glimmstängel zu kompensieren. Mutter Natur hat uns das Glückshormon Serotonin und die körpereigenen Opiate, die Endorphine, bestimmt nicht umsonst geschenkt. Einst dienten sie der Anpassung an das Jäger- und Sammlerdasein. Je besser es dem Menschen ging, desto länger hielt er bei der Jagd durch und umso erfolgreicher war er dabei.

Die Natur belohnt Bewegung. Walking kann wirklich positiv süchtig machen. Sie werden es nicht missen wollen, weil Sie sich einfach wohl fühlen, weil Sie besser in Form sind, weil Ihnen sonst die Auszeit zum Besinnen fehlt, weil Sie so herrlich ausgeglichen zurückkommen. Ganz nebenbei verbrauchen Sie spielerisch Kalorien, verringern möglicherweise Ihr Gewicht und brauchen kein schlechtes Gewissen mehr beim Essen zu haben. Gleichzeitig wird Ihr Herz-Kreislauf-System gestärkt. Wer ein solches vorbeugendes und heilendes Mittel erfände, bekäme garantiert den Nobelpreis für Medizin. Die Natur hat es schon lange hervorgebracht, wir müssen uns nur darauf zurückbesinnen!

Wenn Sie regelmäßig Ausdauersport treiben, müssen Sie sich keine Sorgen um überflüssige Pfunde mehr machen. Sie werden sehen, dass Ihr Körper ganz automatisch ein Bedürfnis nach gesunder Kost entwickelt.

Walkingpersönlichkeiten

Walking ist ein sanfter Ausdauersport, der nicht nur der natürlichsten Bewegungsform des Menschen – der Fortbewegung auf zwei Beinen – entgegenkommt, sondern auch noch annähernd universal ist. Walking kann in jedem Alter und in (beinahe) jeder Lebenslage betrieben werden.

Ein regelmäßig durchgeführtes Walkingtraining stellt eine wirksame Vorbeugung gegen Herz-Kreislauf-Erkrankungen dar – und ist gleichzeitig eine verblüffende Therapieform und Rehabilitationsmaßnahme. Walking ist Heilmittel und Anti-Aging-Wunder in einem. Hartwig Gauder und Elisabeth Haule haben dies eindrucksvoll unter Beweis gestellt.

Hartwig Gauder – Olympiasieger mit drei Herzen

Der Erfurter Hartwig Gauder durchging alle Höhen und Tiefen, alle Siege und auch alle Niederlagen, die ein schicksalhaftes Leben bereithalten kann.

Er war einer der erfolgreichsten deutschen Leichtathleten überhaupt. Im Jahr 1980 wurde er Olympiasieger in Moskau im 50-Kilometer-Gehen. Weltcupsieg, Weltmeister- und Europameistertitel folgten.

Schicksalsschläge und ein starker Wille

Nach diesen Hochphasen und Erfolgserlebnissen kamen jedoch die Tiefs. Aufgrund einer Viruserkrankung versagte 1995 sein Herz den Dienst. Ein »Wettgehen« mit der Zeit begann, den der sympathische Architekt noch einmal gewann. Sein unbeugsamer Wille, niemals aufzugeben, rettete ihm das Leben. Er sah den Überlebenskampf genauso als Herausforderung wie den Olympiasieg. Nach einem 1996 eingesetzten künstlichen Herz war im Januar 1997 eine Transplantation seine letzte Chance.

Bewegung ist Leben

Heute lebt er gut mit seinem dritten Herz und schaffte damit sogar unter ärztlicher Aufsicht im Jahr 1998 den New-York-City-Marathon – in sagenhaften 6:16 Stunden. Als Hochleistungssportler kannte er seinen Körper wie kaum ein anderer und wusste, wie er sich in der Vorbereitung darauf am sinnvollsten belasten konnte.

Er engagiert sich als Generalsekretär der Vereinigung »Sportler für Organspende« und beim Deutschen Leichtathletikverband für die Walkingbewegung. Sein Lebensmotto ist: »Fürchte dich nicht, langsamer zu gehen, fürchte dich nur, stehen zu bleiben.«

Elisabeth Haule – mit Walking zur Sprintweltmeisterin

Elisabeth Haule, Jahrgang 1919, achtfache Großmutter und Frau von Friedemann Haule, dem früheren deutschen Lauftreffwart und Walkingpionier, gilt in den Medien gewissermaßen als »ein Wunder der Natur«. Sie ist ein ausgesprochen fröhlicher Mensch, der gerne lacht.

Der sanfte Ausdauersport für jedes Alter und jede Lebenslage

Seit 1979 hat sie 35 Seniorenweltmeistertitel und Weltrekorde erlaufen (100 bis 1500 Meter, Staffelwettbewerbe). Ihr fehlt der Überblick, wie viel deutsche und Europameistertitel sie zusätzlich errungen hat.

Manchmal fehlen ihr gleichaltrige Gegnerinnen. Dann fegt sie eben gegen Jüngere (»Junges Gemüse!«) über die Tartanbahn, von denen sie bewundert wird. Mit relativ wenig speziellem Sprinttraining ist sie nahezu täglich aktiv. Viermal in der Woche leitet die agile, frühere Raucherin und Kinderkrankenschwester im Stuttgarter Raum Walktreffs und zweimal als ausgebildete Übungsleiterin Koronarsportgruppen. Einmal absolviert sie unter Anleitung ihres Mannes zusätzlich Sprinttraining.

Mit Rückschlägen umgehen lernen

1983 wurde sie wegen Brustkrebs operiert. Doch damit hielt sie sich nicht lange auf. Elisabeth Haule denkt positiv: »Im Sport gibt man halt auch so schnell nicht auf. Viele ältere Menschen sind immer nur miesepetrig, immer am Schimpfen und Nörgeln!«

Ein Vorbild für viele

Sie mag es, jüngere Koronarpatienten beim Ausdauertraining zu motivieren, und hat viele heimliche Verehrer: »60 ist überhaupt kein Alter.« Und wenn sie 40-jährige Hausfrauen beim Walktreff und mit Gymnastik in die Gänge bringt, ist sie deren Vorbild: »Die Frau ist doppelt so alt wie ich, dann muss ich das auch noch können!« Mit 80 konnte sie die 100 Meter noch unter 20 Sekunden sprinten. »Ich laufe noch so lange Wettkämpfe, wie es mir Spaß macht und nichts wehtut.«

Sie isst fettarm, Vollkornprodukte, keine Wurst und kein Schweinefleisch. Am Abend gönnt sie sich ein Glas Wein, Württemberger versteht sich. Nur ihr Blutdruck ist etwas zu hoch. »Aber das hatte meine Mutter auch – sie wurde 93!«

Mit 82 Jahren noch gut drauf: Sprintweltmeisterin Elisabeth Haule hält sich und ihre Koronarsportgruppe mit Walking fit.

Ohne gute Schuhe läuft gar nichts: Sie sind des Walkers und Läufers wichtigster Ausrüstungsgegenstand. Funktionelles für »drunter und drüber« sorgt außerdem dafür, dass das Wetter nicht mehr als Ausrede herhalten kann, das Training ausfallen zu lassen.

SCHUHE UND KLEIDUNG

Die Wahl des richtigen Schuhs

Bevor es so richtig losgeht, benötigen Sie zunächst eine geeignete Bekleidung und Schuhe. Nein, Sie brauchen nicht unbedingt die trendigen Outfits, Tops, Shirts und Shorts der Girls vom Ocean Drive, South Beach in Miami, um sich als Walker auf die Piste zu trauen! Das ist alles eine Frage des persönlichen Geschmacks. Zum Glück ist die Ausrüstung nicht sehr aufwändig. Walking gehört wie Jogging zu den kostengünstigeren Sportarten.

Der Schuh ist der wichtigste Ausrüstungsgegenstand. Er muss bei jedem Schritt je nach Tempo ein Mehrfaches des Körpergewichts auffangen. Er soll den Aufprall dämpfen, das Abrollen ermöglichen, die Bewegung stabil und kontrolliert führen und eventuelle orthopädische Fehlstellungen korrigieren. Diesen Anforderungen werden nur spezielle Lauf- und Walkingschuhe gerecht. Die Hersteller normaler Straßenschuhe könnten sich vom orthopädischen Konstruktionsaufwand dieser Sportschuhe noch eine Menge abschauen.

Zum Walking muss man jedoch eigentlich nicht unbedingt einen echten Walkingschuh tragen. Gute Laufschuhe sind ebenfalls geeignet. Die typischen Walkingmodelle sind meist farblich etwas unauffälliger in Schwarz, Grau, Dunkelblau oder Braun. Daher werden sie auch gerne im Alltag getragen. Modische Aspekte, Farbe oder Marke sind allerdings das unwichtigste Auswahlkriterium. Wichtiger ist, dass das Obermaterial atmungsaktiv ist. Während Walkingschuhe überwiegend für Asphaltböden konstruiert werden, gibt es bei den Joggingschuhen auch Modelle mit griffigerem Profil für Waldböden, Matsch und Schnee. Auch leichte Trekkingschuhe können für das Walking geeignet sein.

Achten Sie auf Qualität

Leider benutzen Einsteiger zum Walking oder Laufen oft vollkommen ungeeignete Tennis-, Turn- oder billige »Allround-Fitness-Schuhe« vom Wühltisch. Doch damit schaden Sie sich letztendlich. Der richtig gewählte Schuh ist der wichtigste Schritt, um Verletzungen zu vermeiden. Wenn man nicht viel Geld in den ohnehin relativ billigen neuen Sport investieren möchte oder kann, sollte man jedoch nicht am falschen Ende sparen. Entscheidend ist, aus dem großen Angebot das individuell geeignetste Modell auszuwählen. Das ist angesichts der

> **Das A und O**
>
> Der Walkingschuh ist der wichtigste Teil der Ausrüstung. Auch Laufschuhe sind geeignet. Die Auswahl per Videobewegungsanalyse hilft, Beschwerden zu vermeiden und auf jedem Untergrund bequem zu trainieren.

Produktvielfalt gar nicht so einfach; es gibt jedoch einige allgemein gültige Empfehlungen.

▶ Wählen Sie Walking- oder Laufschuhe – nicht irgendeinen Fitnessschuh.
▶ Achten Sie auf eine optimale Passform bei Schuhgröße und Fußweite.
▶ Kalkulieren Sie auf jeden Fall Ihr Körpergewicht mit ein: Der Schuh sollte in erster Linie stabil sein und erst in zweiter Linie leicht.
▶ Beachten Sie auch, auf welchem Untergrund Sie trainieren.
▶ Gehen Sie zur Beratung in ein Laufsportgeschäft mit Fachverkäufern.
▶ Tragen Sie verschiedene Schuhe im Wechsel, und wählen Sie Schuhe, die an eine eventuelle Fußfehlstellung angepasst sind.

Die wichtigsten Entscheidungskriterien sind Sie selbst, Ihr Fuß, Ihr Körpergewicht und das Trainingsgelände. Wer übergewichtig oder von großer, kräftiger Statur ist, benötigt ein viel stabileres Schuhmodell als ein »Fliegengewicht«. Ob man einen schmalen oder breiten Fuß hat, merkt man spätestens bei der Anprobe im Geschäft. Ein Tipp hierzu: Es gibt Modelle, die in einer Herren- und einer Damenversion angeboten werden. Sollten Sie als Herr einen schmalen Fuß haben, probieren Sie einmal die »Ladies Version«. Das Umgekehrte gilt für Damen. Der Vorfußbereich sollte den Zehen genügend Spielraum für die freie Bewegung der Zehen bieten. Einen Finger breit sollte vor der großen Zehe Platz sein. Berücksichtigen Sie, dass der Fuß nachmittags, beim Laufen und bei Wärme etwas größer wird. Sie könnten blaue Zehennägel oder Blasen bekommen, wenn Sie Ihre Schuhe am frühen Vormittag einkaufen.

Aufgepasst bei Fußfehlstellungen

Vielleicht haben Sie, ohne es zu wissen, eine Fußfehlstellung? Niemand sieht sich selbst beim Walking. Hier hilft nur eine Videoanalyse.

Im Laufsportfachgeschäft erhalten Sie nicht nur Schuhe, sondern auch Kontakt zu Walktreffs und Trainingspartnern.

Die dargestellten Fußfehlstellungen zeigen den rechten Fuß von hinten beim Abrollen in der »Standphase«.

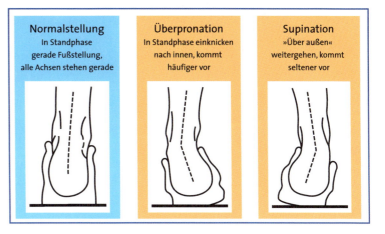

Normalstellung — In Standphase gerade Fußstellung, alle Achsen stehen gerade

Überpronation — In Standphase einknicken nach innen, kommt häufiger vor

Supination — »Über außen« weitergehen, kommt seltener vor

Zeigt her eure Schuhe …

Eine Unterpronation (Supination) erkennt man an den im Vor- und Mittelfußbereich außen abgelaufenen Sohlen.

Wer einen so genannten Knickfuß nach innen (Überpronation) hat oder, was seltener vorkommt, über die Außenkante geht (Supination), benötigt eine stabile Fersenkappe und entsprechend innen oder außen in der Mittelsohle eine Verstärkung, die diese Kippbewegung oder Belastung der Außenkante vermindert und dadurch Verletzungen vorbeugt. Verdreht sich das Fußgelenk, werden auch Achillessehne, Unterschenkel, Knie und Hüfte schief belastet.

Bei extremen Fehlstellungen kommen zusätzlich Einlagen in einem stabilen Schuh in Betracht. »Überpronierer« sollten Schuhe mit geradem

So wohl wie bei einem warmen, entspannenden Wannenbad sollten sich Ihre Füße auch in den Walking- bzw. Laufschuhen fühlen!

Leisten bevorzugen. Einem »Normalfüßler« steht eine größere Auswahl zur Verfügung. Letztlich geht nichts über eine gute Beratung, die man am ehesten in einem »Laufladen« erhält, da die Verkäufer dort oft selbst Läufer oder Walker sind. Manche Geschäfte haben sogar ein Laufband mit Videoanalyse, auf dem man Schuhe vor Ort praktisch erproben kann.

Ein Schuh, mit dem 80 Prozent aller Walker gut klarkommen, kann für diese sehr gut, aber für Sie mangelhaft sein. Testberichte in Verbraucher- oder Sportmagazinen können für Sie also nur einen Anhaltspunkt bieten. Sie sollten auch, soweit vorhanden, alte Sportschuhe zur Begutachtung ins Geschäft mitnehmen. Ein versierter Verkäufer kann am Sohlenabrieb oder Zustand der Schuhe eine Menge über Ihr Abrollverhalten ablesen und entsprechende Empfehlungen geben.

Ein gutes Schuhmodell sollte mindestens 500 bis 1000 Kilometer halten. Schwergewichte und Walker mit Fehlstellungen werden den Schuh etwas früher verschleißen.

Verbrauchsgegenstand Schuh

Kein Schuh hält ewig. Letztlich ist Ihr Walkingschuh ein Verbrauchsgegenstand. Manche können sich von ihrem so bequem eingetretenen Schuh einfach nicht trennen. Nicht selten ist die Mittelsohle dann völlig weich geworden und stützt nicht mehr. Meistens merkt der Besitzer das nicht einmal, weil das Obermaterial des heiß geliebten Stücks noch gut aussieht. Überprüfen Sie die Zwischensohle durch Druck mit dem Daumen, oder lassen Sie Ihre Fußbewegung von einem hinter Ihnen walkenden, erfahrenen Sportkameraden begutachten. Stützt der Schuh noch genügend? Kippen Sie seitlich im Schuh? Zögern Sie nicht, alte »Latschen« auszurangieren. Ihre Achillessehnen und Gelenke werden es Ihnen danken!

Zur Verminderung des orthopädischen Risikos sollte man zwei Paar Schuhe abwechselnd tragen. Jeder Schuh hat seine eigene Charakteristik und wirkt auf den Bewegungsapparat unterschiedlich ein. Man belastet dadurch Gelenke, Sehnen und Bandscheiben nicht immer gleich. Außerdem haben Sie die Möglichkeit, sich Schuhe für unterschiedliches Gelände zuzulegen. Ein Paar mit starkem griffigem Profil für Waldboden, Matsch und Schnee, ein anderes – breiter und besser gedämpft – für Asphalt. Achten Sie darauf, dass die Schuhe Reflektoren besitzen, was Ihre Sicherheit bei Dunkelheit im Straßenverkehr erhöht.

Barfußwalking

Es geht auch ohne Schuhe. Unser Wohlstandsfuß hält das aber nicht lange aus. Die Füße der Kenianer beispielsweise sind im Vergleich zu unseren wahre Pranken. Schon als Kleinkinder werden sie unentwegt barfuß trainiert. Ihr Füße haben eine dicke schützende Hornhaut, ein stabiles Fußgewölbe und eine prächtig entwickelte Muskulatur. Damit können kenianische Eliteläufer sogar bei Weltmeisterschaften auf der Straße problemlos vorneweg laufen.

Aber auch wir können gelegentlich unseren in Schuhe eingepferchten Füßen einen Gefallen tun. Barfuß auf einem gepflegten Fußballrasen, am Strand oder zu Hause auf dem Teppichboden zu gehen, ist eine wahre Wohltat und gleichzeitig eine natürliche Kräftigung und Reflexzonenmassage.

Übertreiben Sie es aber insbesondere am Strand nicht. Der schiefe oder nachgebende Sanduntergrund kann zu einer einseitigen Überlastung führen und Achillessehnen- oder Kniebeschwerden verursachen. Üben Sie zu Beginn daher nicht länger als zehn Minuten. Eine andere Möglichkeit, schuhlos zu gehen, ist das »Waterwalking«. Sie gehen im Schwimmbad mit Bodenkontakt gegen den Wasserwiderstand. Das ist ein sehr schonendes, aber anstrengendes Kraftausdauertraining.

Fußpflege

Das gelegentliche Barfußgehen am Strand, auf einem Rasen oder auf dem Teppich, aber auch Wechselbäder und Fußmassagen (beispielsweise mit dem Igelball) sind eine Wohltat für Ihre Füße. Wer die Zehennägel kurz hält, vermeidet unangenehme Blasen.

Funktionelle Bekleidung

»Es gibt kein schlechtes Wetter, nur schlechte Bekleidung.« Diese Redensart trifft auch auf die Funktionsbekleidung für Walker und Läufer zu. Sicher können Sie zunächst mit einem Trainingsanzug beginnen, aber bei Sporttextilien hat sich in den letzten Jahren erheblich mehr getan als bei Schuhen. Viele hören im Herbst, wenn die kalte und dunkle Jahreszeit mit Schmuddelwetter beginnt, mit dem Training auf. Was monatelang aufgebaut wurde, verpufft über den Winter. Im Frühjahr fangen sie fast bei Null wieder an. Das muss nicht sein. Gute Funktionsbekleidung ermöglicht nicht nur ganzjähriges Training; sie erhöht Sicherheit, Spaß und Komfort und verringert die Verletzungsanfälligkeit.

So machen Sie sich auf die Socken

Fangen wir unten an. Socken sollten aus elastischen Synthetikfasern wie Polyester oder Tactel mit gutem Sitz sein. Diese Stoffe speichern kaum Wasser. Es gibt fußanatomisch optimal angepasste Modelle mit speziellem Zuschnitt für den linken und rechten Fuß, die keine Falten werfen und so Blasen verhindern.

Socken puffern die Reibung im Schuh und wärmen den Fuß in der kalten Jahreszeit. Man kann die Füße auch dünn mit Vaseline einreiben, um zu verhindern, dass sich Blasen bilden. Im Winter dürfen die Socken länger und dicker sein. Dadurch bleiben beispielsweise die Achillessehnen besser geschützt.

In moderner Funktionskleidung nie mehr nass geschwitzt

Wählen Sie bei der Oberbekleidung bunte oder helle Kleidung. Im gelegentlich zu durchquerenden Straßenverkehr und bei Dunkelheit werden Sie als ein ungewohnt schneller Fuß-

Bei Wind und Wetter: Mit guter, moderner Funktionsbekleidung können Sie solche Naturschauspiele beim Training genießen.

gänger besser gesehen. In der warmen Jahreszeit reicht ein kurzärmliges T-Shirt. Optimal sind UV- und formbeständige Materialien wie Coolmax oder BIOMesh, die ebenfalls aus Polyester hergestellt sind.

Baumwolle – weniger geeignet

Der Nässespeicher Baumwolle nimmt rund 20-mal mehr Wasser auf als Polyester und hält es wie ein Schwamm fest. Die Luftzirkulation während des Walkings wird bei Wärme behindert. Bei Kälte oder bei Wind sowie nach dem Training kühlt Baumwollbekleidung empfindlich aus. Moderne Synthetikfasern weisen einen Tragekomfort wie Baumwolle auf, leiten den Schweiß aber rasch nach außen ab, so dass Sie nicht mehr nass verschwitzt trainieren müssen. Diese Fasern werden direkt auf der Haut getragen.

Aufwändigere, mehrschichtige Konstruktionen wie Dry-II-Synthetikfasern transportieren den Schweiß von der Haut weg und ziehen ihn wie ein Löschblatt in eine äußere Schicht. Der Vorteil: Das Textil klebt nicht, sondern bewahrt, ähnlich wie Gänsedaunen, einen warmen Luftfilm auf der Haut. Angeboten werden lang- oder kurzärmlige T-Shirts und Hosen. Sie sind zwar teurer als Baumwolle, leisten aber auch wirklich gute Dienste. Das investierte Geld macht sich bestimmt bezahlt. Mit dieser Bekleidung können Sie auch im Winter bei Nässe und Kälte komfortabel weitertrainieren. Ebenfalls zu empfehlen – besonders bei Kälte und Schneefall – sind auch Handschuhe und Stirnbänder aus diesen Materialien oder eine Schirmmütze. Über den Kopf- und Nackenbereich kann man immerhin bis zu 40 Prozent der Körperwärme verlieren!

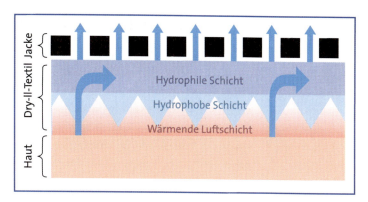

Jacken und Westen bei Wind und Wetter

Nach dem Zwiebelschalenprinzip tragen Sie über dieser Funktionswäsche eine ärmellose Weste oder eine Jacke aus leichten, wind- und wasserabweisenden Mikrofasern wie beispielsweise Rono PY 10. Zudem sind diese Jackenmaterialien beim Gebrauch auch ausgesprochen geräuscharm.

Diese Mikrofasergewebe bilden einen vernünftigen Kompromiss. Regenwasser bleibt weitgehend draußen,

Funktionsbekleidung: wie mehrschichtige Textilien (z. B. Dry II von R.O.N.O.) wirken.

Bei einigen Sportarten können Sie sich buchstäblich den »Wolf« laufen oder fahren. An bestimmten Reibestellen wirken die Salzkristalle auf der Haut wie Sandpapier. Reiben Sie diese Stellen mit Vaseline ein.

aber der Schweiß kann verdunsten. Wasserdichte Jacken sind höchstens fürs Herumstehen geeignet, bei Bewegung, die bekanntlich ja auch warm macht, beschlagen jedoch die Innenseiten, ähnlich wie die Fenster im Badezimmer beim Duschen. Sie werden von innen nass. Gute, nahezu wasserdichte Jacken aus Sympatex-Windmaster oder Goretex haben deswegen zusätzlich einige Lüftungsklappen. Eine Feinregulierung können Sie über den Reißverschluss vornehmen. Westen oder Jacken sollten helle Farben, Reflektoren und eine verschließbare Tasche für Schlüssel oder Geld haben.

Wählen Sie für Hosen, Westen und Jacken keinen zu weiten Schnitt. Nicht wenige walken in weiten Parkas und Pluderhosen »Marke Sultan«. Vielleicht möchten Sie zu Beginn noch Ihre Polster verbergen. Aber einerseits werden Sie ohnehin abnehmen, und andererseits behindern Flatterjacken und Hosen den Bewegungsablauf. Wer sich traut, wählt gleich die enger anliegenden Tights, elastische Hosen, die einen sauberen Bewegungsablauf der Beine gewährleisten. Kleiden Sie sich auch nicht zu warm, denn spätestens nach zehn Minuten Walking werden Sie eine höhere Betriebstemperatur erreichen. Die Folge: Die Jacken werden ausgezogen und um die Hüften gebunden, was die Armarbeit erheblich behindert.

Funktionelles für drunter – Slip und BH

Im Sommer können Sie luftige Shorts und Shirts tragen. Sie sollten unter den Armen nicht zu knapp geschnitten sein, da man sich sonst die Haut aufscheuert.

Das Gleiche kann auch zwischen den Oberschenkeln passieren, vor allem bei heißem Wetter, wenn man viel schwitzt. Die Salzkristalle scheuern beim Walking an solchen Reibestellen auf der Haut und verursachen regelrechte Abschürfungen. Auch hier verhindert Vaseline das Schlimmste.

Die Natur macht es uns vor: Wie die Oberfläche dieses Blatts, so sollte auch funktionelle Kleidung regendicht und dennoch atmungsaktiv sein.

Auch bei der Unterwäsche sollte man auf hautfreundliche und wasserabweisende Materialien wie z. B. Bodymesh zurückgreifen. Für Läuferinnen gibt es im Fachgeschäft spezielle Sport-BHs. Die gut stützenden Modelle sorgen mit ihren breiten, stufenlos verstellbaren und am Rücken gekreuzten Trägern für bequemen Sitz und guten Halt. Diese sind für Walkerinnen genauso geeignet und wegen des stärkeren Armeinsatzes besonders wichtig. Der BH sollte einen breiten Bund aus einer Mikrofaser wie z. B. Tactel Aquator aufweisen. Das stützt besser, und der Brustgurt Ihres Pulsmessers hält gut darunter und verrutscht nicht. Die Körbchen sollten vorgeformt und aus unelastischem Material sein.

Pflege von Schuhen und Textilien

Moderne Lauf- und Walkingschuhe kann man zur Not in der Waschmaschine bei 30 °C mit einem milden Pflegemittel im Schonwaschgang und ohne Schleudern säubern. Besser und schonender geht das mit einer Bürste. Nach dem Abbürsten stopfen Sie Ihre Schuhe mit Zeitungspapier zum Trocknen aus.

Funktionstextilien können bis 40 °C schnell und weniger aufwändig als Baumwolle gewaschen werden. Im Urlaub können Sie die pflegeleichte Synthetikwäsche auch handwarm im Waschbecken mit etwas Seife durchspülen. Am nächsten Morgen ist sie im Gegensatz zur Baumwolle bereits trocken und wieder einsatzbereit.

Nicht lang gezaudert und ab in die Waschmaschine: Moderne Schuhe bestehen auch diesen Test.

Accessoires

Stöcke für das Nordic Walking

Das Nordic Walking (siehe Seite 71 ff.), eine aus Finnland stammende, sehr empfehlenswerte Variante, könnte man vereinfacht als eine Art Sommerskilanglauf mit Stöcken, aber ohne Skier charakterisieren. Die Stöcke sind wie Skilanglaufstöcke deutlich länger als Spazierstöcke und aus Glasfiber und Karbonfasern. Man ermittelt deren Länge nach der Formel Körpergröße mal 0,72. Bei einer Größe von 1,70 Meter benötigen Sie also etwa eine Stocklänge von 1,20 Meter. Hochwertige geformte Griffe und verstellbare breite Handschlaufen sorgen für eine optimale Führung der Arme, ähnlich wie beim Skilanglauf. Man kann die Hände zur Entspannung öffnen, ohne die Stöcke zu verlieren. Für einen guten Griff im Gelände, auf Waldboden oder Glatteis sorgen harte, teilweise austauschbare Metallspitzen, auf die man »Gummipfoten« für das Walking auf Asphalt stülpen kann.

BILD LINKS: *Kein modischer Schnickschnack: Der Herzfrequenzmesser ist für ein ernsthaftes Training unerlässlich.*
BILD RECHTS: *Ausgesprochen praktisch in der Rehabilitationsphase nach Verletzungen oder Krankheiten: Aquajogging.*

Herzfrequenzmesser

Die Leistungskontrolle über die Messung der Herzfrequenz ist nicht neu. Dazu muss man im Training kurz stehen bleiben und die Hand auf das Herz legen. Besser ist es, die Pulsadern am Handgelenk zu ertasten und für zehn Sekunden konzentriert die bereits langsamer werdenden Schläge zu zählen. Dieser Wert wird mit 6 multipliziert, um auf den Minutenwert zu kommen, der dann aber etwas zu niedrig ist. Die Methode reicht aus, um die Belastung grob einzustufen.

Genauer und bequemer geht das mit den modernen Herzfrequenzcomputern nach EKG-Methode. Sie bestehen aus einem elastischen und in der Weite verstellbaren Gurt mit Sender und einem Empfänger, der wie eine Uhr am Handgelenk getragen wird. Die Elektroden auf der Unterseite des Gurts werden auf der Haut unter der Brust getragen. Der Sender funkt Ihre Herzfrequenz an den Empfänger, auf dessen Anzeige Sie dann Ihren Puls in Schlägen pro Minute ablesen können.

Die einfachsten Geräte kosten heute nur noch halb so viel wie ein Paar Laufschuhe und sind eine sinnvolle Anschaffung. Man kann eine Pulsober- und Untergrenze einstellen, vor deren Überschreitung ein Piepston warnt. Neuere Geräte berechnen Ihnen aus dem eingegebenen Maximalpuls sogar Ihre Trainingszonen in Prozent.

Zubehör

Die meisten Walker besitzen eine Armbanduhr mit Stoppuhr. Diese kann auch im Pulsmesser integriert sein. Man kann sie zum Messen der Trainingszeit, zur Pulskontrolle oder interessehalber zum Stoppen eines Kilometers auf einer vermessenen Strecke benutzen. So lässt sich überprüfen, welches Tempo man eigentlich geht. Hüten Sie sich jedoch davor, nur noch nach Zeit durch die Gegend zu hetzen. Man ist nie jeden Tag gleich fit. Walken Sie nach Körpergefühl. Genießen Sie das freie Gehen an der frischen Luft in der Natur.

Es gibt noch allerlei weiteres Zubehör, das praktisch sein kann, angefangen von leichten Handgewichten oder

Profimodelle von Herzfrequenzmessern können Daten speichern, die man zur Auswertung mit der entsprechenden Software direkt in den Computer einlesen kann.

Schuhe und Kleidung

Manschetten zur Steigerung der Armarbeit, Trinkgurte, Autoschlüsseltäschchen, Täschchen für Kleingeld für den Notfall bis zum Hundespray und Aquajogger – eine Auftriebshilfe, die als Gurt um die Hüfte geschnürt wird. Bei Verletzungen oder als zusätzliches Training läuft man damit sozusagen frei schwebend im Wasser gegen den Wasserwiderstand.

Walking mit dem Kleinkind

Geländegängige »Babyjogger«, d. h. Lauf- und Wanderkinderwagen, sind auch für Walking ideal. Stressgeplagten Müttern gibt es vielleicht die fehlende Zeit für ihr Fitnessprogramm, weil der Sprössling beaufsichtigt dabei sein kann. Da wird der Babysitter arbeitslos. Auch Väter haben ihre helle Freude beim Sportvergnügen mit dem Nachwuchs. Babyjogger sind zusammenklappbare Kinderwagen mit extra großen, leicht laufenden Rädern und Alurahmen. Das Baby ab vier bis sechs Monaten oder das Kleinkind bis zu vier Jahren ist im Sicherheitsgurt beim Walking, Wandern oder Jogging immer mit dabei. Durch die Liegesitzposition hat man gleichzeitig ein Bett für das Kind, was ausgedehnte Wanderungen oder längere Trainingseinheiten ermöglicht. Für sportlich aktive Familien kann ein Babyjogger eine hervorragende Investition sein.

Trainingstagebuch

Machen Sie sich über Ihr Training ein paar Notizen in einem Terminkalender oder Tagebuch. »Hightech-Sportler« speichern und werten ihr Training natürlich mit spezieller Computersoftware aus. Ein Notebook- oder Palmtopcomputer ist dann selbst im Urlaub mit dabei.

Notieren Sie, wann, wo und wie viel Sie gewalkt sind. Auch Anmerkungen wie: »ging heute super« oder »total schlapp« sollten aufgeschrieben werden. Sie können den Trainingspuls, Ihren morgendlichen Ruhepuls (vor dem Aufstehen) in Schlägen pro Minute und auch Ihr Körpergewicht eintragen. Wenn später Ihre eigene Erfahrung wächst, ist Ihr Tagebuch eine interessante Fundgrube. Sie können aus eigenen Fehlern lernen oder sich erinnern, was für eine Entwicklung Ihre Kondition mittlerweile gemacht hat. Außerdem behalten Sie so auch den Überblick über die Häufigkeit und Regelmäßigkeit Ihres Trainings.

Hervorragendes Zeitmanagement: Beim Walking mit einem Laufkinderwagen erledigen Sie Ihr Fitnessprogramm beim Kinderhüten.

Bevor Sie loslegen, sollten Sie wissen, was beim Training in Ihrem Körper geschieht – und die richtige Technik erlernen! Auf diese Weise halten Sie das Verletzungsrisiko so gering wie möglich.

TRAINING UND TECHNIK

Der Energiestoffwechsel

Bevor Sie mit Ihren neuen Walkingschuhen und dem Herzfrequenzmesser so richtig loslegen, beschäftigen wir uns noch ein wenig mit der Trainingslehre und der Walkingtechnik. Je mehr Sie die Grundlagen verstehen, umso sinnvoller und bewusster werden Sie Ihr Fitnessprogramm durchführen können.

Es geht um die Biologie des Ausdauertrainings. Leider wissen wir oft besser über die Funktionsweise unseres Autos oder Computers Bescheid als über unsere Muskulatur und unseren Kreislauf. Die biologischen Zusammenhänge von Anpassung und Energiestoffwechsel helfen Ihnen jedoch dabei, Training und Ernährung besser zu verstehen. Was wird auf Sie zukommen? Wie oft müssen Sie unterwegs sein, in welchem Tempo und wie lange?

Wenn Sie durch Walking abnehmen wollen, glauben Sie vielleicht, dass Sie umso mehr Kalorien verbrennen, je schneller Sie laufen. Das stimmt auch. Nur Ihre Fettpölsterchen powern Sie damit nicht weg! Wer intensiv trainiert, immer nur hetzt, verbrennt Kohlenhydrate. Erst im langsameren Bereich wird Fett verbrannt. Je intensiver Sie walken, desto mehr kommen Sie außer Atem. Sie ringen nach Sauerstoff. Um das flotte Tempo dennoch aufrechterhalten zu können, muss die Muskulatur vermehrt oder ausschließlich Kohlenhydrate einsetzen. Für die Fettverbrennung braucht sie bei gleicher Leistung nämlich mehr Sauerstoff.

Die Spritquellen – Diesel und Super

Ihr Körper kann also auf zwei Energie- oder Spritquellen zurückgreifen: auf »Super« – gemeint sind Kohlenhydrate – und auf »Diesel« – die Fette. Beide werden intensitätsabhängig in einem unterschiedlichen Mischungsverhältnis eingesetzt.

Falsch hingegen ist die immer wieder geäußerte Meinung, dass Fett erst nach einer halben Stunde Training verbrannt wird. Um eine größere Menge Fett zu verbrennen, sollte man allerdings mindestens eine halbe oder besser eine Stunde unterwegs sein.

Die Fett- und Kohlenhydratvorräte in Ihrem Körper sind unterschiedlich groß. Vom Dieselkraftstoff besitzen Sie viel mehr als vom Super. Selbst schlanke Menschen könnten mit ihren Fettvorräten 20 Marathonläufe durchhalten, mit den Kohlenhydratspei-

Fett verbrennen

Wer beim Walking abnehmen möchte, muss regelmäßig nicht zu schnell, aber länger unterwegs sein. Nur die ruhige Gangart schont die Gelenke und verbrennt Fett.

Betrachten Sie Ihren Körper als Motor, der nicht nur gepflegt und gewartet, sondern auch mit dem richtigen Treibstoff versorgt werden will.

chern aber nicht einen einzigen. Die Kohlenhydrate werden als langkettig verknüpfte Zuckermoleküle (Glykogen) in der Muskulatur und in der Leber gespeichert.

Fettverbrennung nur im »grünen Bereich«

Nun stecken Sie vielleicht in einem Dilemma. Wenn Sie langsam trainieren, setzen Sie zwar einen hohen Prozentsatz Fette ein, aber die Kalorienmenge ist nicht so groß. Umgekehrt walken Sie sehr flott, verbrauchen zwar viele Kalorien, aber kaum oder kein Fett. Was ist zu tun?

Die Lösung ist einfach: Walken Sie in einem mäßigen Tempo, aber dafür länger. So greifen Sie Ihre Problemzonen richtig an. Hinzu kommt, dass Sie weniger gestresst sein werden, sich prima unterhalten können und ein geringeres Verletzungsrisiko eingehen. Die wirksamste Trainingszone nennt man auch den aeroben oder »grünen« Bereich. Aerob kommt aus dem Griechischen und bedeutet »mit Luft«. Gemeint ist Sauerstoff.

Viele Läufer und Läuferinnen klagen in meinen Seminaren darüber, dass sie immer so schnell außer Atem kommen. Sie quälen sich, haben vielleicht sogar Verletzungsprobleme und nehmen nicht ab. Sie kennen jetzt die Antwort: Sie laufen einfach zu schnell! Vielleicht sollten Sie es zunächst mit Walking versuchen?

Trainieren nach Körpergefühl

Genau genommen ist Ihr Körper ein guter Trainer. Sie müssen nur auf ihn hören. Wenn man außer Atem ist, befindet man sich im anaeroben Bereich, in der roten Zone, in der nicht mehr genügend Sauerstoff zur Verfügung steht. In dieser roten Zone sind Sie sprachlos. Sie brauchen den ganzen Sauerstoff für die Muskulatur. Beim nun fast ausschließlich ablaufenden Kohlenhydratabbau entsteht als Nebenprodukt zunehmend Milchsäure bzw. Laktat, das Salz der Milchsäure.

Den Übergangsbereich zwischen Grün und Rot bezeichnet man auch als anaerobe Schwelle. Diese ist auch dort weit überschritten, wo stilistisch lockeres, flottes Walken in »verkrampftes Prügeln« mit überschlagender, hasti-

Die Trainingssteuerung über Herzfrequenz- oder Laktatmessung kann uns das verloren gegangene Körpergefühl für locker oder anstrengend zurückgeben.

ger Atmung übergeht. Eine stärkere Übersäuerung der Muskulatur sollte unbedingt vermieden werden. Solange Sie sich also gut unterhalten können, trainieren Sie nicht nur im grünen Bereich, sondern haben auch mehr Freude am Ausdauersport. Jetzt verstehen Sie sicher auch die Empfehlungen nach Körpergefühl: »Lächeln statt hecheln« oder »Schweigen ist Silber, Reden ist Gold!«

Sauer werden ist gar nicht lustig

Bei höherer Geschwindigkeit entstehen also immer größere Mengen Milchsäure, da die Muskulatur über Lunge und Kreislauf nicht mehr genügend Sauerstoff zur Deckung des Energiebedarfs erhält. Staut sich zu viel Milchsäure (Laktat) an, ist der Muskel völlig übersäuert, sein Stoffwechsel ausgebremst und letztlich blockiert. Sie können nicht mehr. Dieser hochintensive Bereich ist vielleicht gut zum Abreagieren, hat aber mit Gesundheits- und Fitnesstraining nichts zu tun.

Als kurzfristige Notlösung, z. B. bei einer Flucht oder einem Endspurt, kann auf diesem Stoffwechselnebenweg, der so genannten anaeroben Glykolyse, allerdings noch etwas zusätzliche Energie erzeugt werden. Ein 400-Meter- oder 800-Meter-Lauf wird sogar zum größten Teil über die anaerobe Energiegewinnung bewältigt. Ein Mittelstreckler erreicht im Rennen Laktatwerte bis zu 25 Millimol pro Liter Blut (mmol/l). Er wird entsprechend viel anaerobes Intervalltraining mit harten Tempoläufen absolvieren, um diesen Stoffwechselweg zu beherrschen und die Milchsäure im Blut besser tolerieren zu können. Er ist allerdings auch nur eine bis zwei Minuten unterwegs. Für Walker und Fitnessläufer spielt dies lediglich eine untergeordnete Rolle. Hier liegen die Trainingszonen unter vier, besser um zwei Millimol Laktat pro Liter Blut.

Dies stellt auch die optimale Fettverbrennungszone dar. Der Laktatstoffwechsel findet im Zellplasma statt. Fette und Kohlenhydrate werden aber in besonderen Zellorganellen, den Mitochondrien, mit Sauerstoff verheizt. Je mehr Sie von diesen »Kraftwerken« in den Muskelzellen haben, desto mehr verbrennen Sie Fett auch bei Alltagsverrichtungen. Ihre Muskeln werden durch ruhiges Ausdauertraining also zu regelrechten »Fettverbrennungsmotoren«.

Trainingssteuerung nach Puls

Für die optimale Trainingsqualität ist die richtige Intensität von entscheidender Bedeutung. Leider ist vielen, vor allem den Späteinsteigern, das natür-

> **»Roter« Bereich**
>
> Beim Walking kommt man nicht so schnell in die »rote Zone« der Übersäuerung wie beim Laufen. Bei Bergwanderungen sowie beim Hill- oder Powerwalking kann das jedoch leicht geschehen.

Trainingszonen und wie der Körper reagiert

Intensität	Aerob moderat	Aerob flott	Anaerob
Trainingsziel	Gesundheit	Fitness	Leistungssport
Puls (Prozent der max. Herzfrequenz)	65–75 %	75–85 %	Über 85 %
Laktat (mmol/l)	Unter 2	2–3,5	Über 3,5
Überwiegendes Energiesystem	Fettstoffwechsel	Kohlenhydrat-, Fettstoffwechsel	Kohlenhydrat-, Laktatstoffwechsel
Ort der Energiegewinnung	Mitochondrien (»Kraftwerke der Zelle«)		Mitochondrien und Zellplasma
Herz-Kreislauf-Effekt	Periphere Kapillarisierung		Herzgröße
Trainingsart	Ausdauer	Kraftausdauer	Kraft
Regeneration	Kurz	Mittel	Lang
Verletzungsrisiko	Gering	Mittel	Hoch

liche Maß für »locker« oder »anstrengend« und damit auch ihr Körpergefühl verloren gegangen. Entsprechend vergreifen sie sich im Trainingstempo und trainieren meist zu hart oder zu gleichförmig.

Mit der Herzfrequenzmessung gibt es eine einfache Möglichkeit, die individuelle Trainingszone zu ermitteln und einzuhalten. Sie ist auch deswegen zu empfehlen, weil die Herzfrequenz linear, also stetig mit der Belastung ansteigt. Die Laktatkurve verläuft im Gegensatz dazu exponentiell. Das bedeutet, dass ab der anaeroben Schwelle die Milchsäurewerte nicht allmählich, sondern schlagartig ansteigen. Die Laktatkonzentration in diesem Schwellenbereich liegt bei etwa vier Millimol pro Liter. Bei höherem Tempo geht man vorübergehend eine so genannte Sauerstoffschuld ein, die nach der Belastung durch eine vermehrte Sauerstoffzufuhr (Cool-down, langsam ausgehen) mit den Abbau des Laktats schnell wieder verschwindet.

Für die Praxis bedeutet der unterschiedliche Kurvenverlauf, dass man im aeroben Bereich sehr gut nach Herzfrequenz, im Schwellenbereich und darüber genauer nach Laktatmessung trainieren kann.

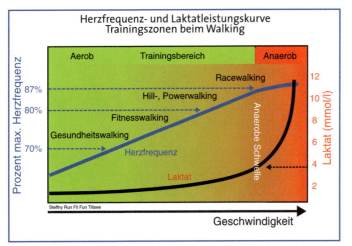

Die Herzfrequenz steigt linear mit der Trainingsgeschwindigkeit an. Die Laktatproduktion im Muskel hingegen erhöht sich erst im Bereich der anaeroben Schwelle (Blutlaktatwerte ca. vier Millimol/Liter) explosionsartig. Man gerät in den »roten« Bereich.
(Quelle: Steffny, Run Fit Fun 01)

Den Belastungspuls abschätzen

Gesundheits- und Fitnesswalker können über die Herzfrequenz sehr einfach die richtige individuelle und altersabhängige Trainingsbelastung einhalten. Im Alter wird man ruhiger; das gilt auch für das Herz: Die Belastungspulswerte sinken.

Die optimale Belastung berechnet man nach der simplen Formel

TRAININGSPULSFREQUENZ = 180 – LEBENSALTER +/– 10 SCHLÄGE

Ein 40-Jähriger sollte also mit einem Puls zwischen 130 und 150 Schlägen pro Minute walken. Diese Formel trifft auf die meisten recht gut zu. Sie kann einen ersten Anhaltspunkt für das Training geben.

Von diesem statistischen Mittelwert weicht etwa ein Drittel aller Menschen nach oben oder unten ab. In diesem Fall können einfach die weiter oben genannten Körpergefühlsregeln zu Hilfe genommen werden. Wenn Sie also mit 40 Jahren bei einem Puls von 170 noch munter plaudern können,

Morgendlicher Ruhepuls

Ein über Wochen und Monate im Trainingsprozess abnehmender Ruhepuls, der morgens noch vor dem Aufstehen gemessen wird, ist ein Zeichen für ansteigende Form. Ein plötzlich um vielleicht zehn Schläge erhöhter Wert kann im Gegensatz dazu auf außergewöhnliche, harte Belastungen, ein eventuelles Übertraining, eine mögliche Erkrankung, zu wenig Schlaf oder (alkoholische) Sünden am Vorabend hinweisen.

Der Ruhepuls eines Untrainierten liegt bei 60 bis 80 und mehr Schlägen pro Minute. Ausdauersportler senken ihn auf 40 bis 50 Schläge pro Minute. Dies ist eine Folge des leistungsfähigeren Herz-Kreislauf-Systems. Spitzensportler erreichen mit ihren vergrößerten Herzen Ruhepulswerte von unter 30 Schlägen pro Minute.

Schätzen Sie beim Walking doch einfach mal Ihren Trainingspuls, und vergleichen Sie den tatsächlichen Wert mit Ihrem Gefühl.

liegt der Verdacht nahe, dass Sie von der Standardformel stark nach oben abweichen.

So ermitteln Sie Ihren Maximalpuls

Wer sich damit nicht zufrieden gibt und es genauer wissen möchte, kann die individuelle Trainingszone durch die Ermittlung des Maximalpulses herausfinden:

Maximalpuls = 220 – Lebensalter

Bei einem 40-Jährigen liegt der Maximalpuls also etwa bei 180. Den Maximalpuls können Sie auch in einem Selbsttest bestimmen: Wärmen Sie sich zunächst auf, und walken Sie dann zehn Minuten lang recht flott. Gehen Sie anschließend so schnell wie möglich bergauf, bis Sie völlig außer Atem sind. Eventuell müssen Sie dafür sogar laufen. Ihr Puls erreicht dann annähernd seine Höchstgrenze.

Der Nachteil eines Selbsttests liegt darin, dass Sie sich voll ausbelasten müssen. Dafür sollte man natürlich kerngesund, ohne Infekt und verletzungsfrei sein. Achten Sie aber auf jeden Fall immer auf eine ausreichende Warm-up- und Cool-down-Phase.

So berechnen Sie Ihre indIviduellen Trainingszonen

Für die folgenden Berechnungen benötigen Sie einen Taschenrechner. Ein wirksames Ausdauertraining findet bei 65 bis 85 Prozent des ermittelten Maximalpulses statt. In diesem grünen Bereich trainieren Sie aerob, d. h. ohne Sauerstoffschuld bei geringen Milchsäurewerten.

Kommen wir noch einmal auf das Beispiel des 40-Jährigen zurück. Er hätte nach der Standardformel (220 – 40) einen Maximalpuls von etwa 180 Schlägen pro Minute. 65 bis 85 Prozent davon ergäben einen Trainingsbereich zwischen 117 und 153, in dem übrigens auch Eliteläufer den größten Teil ihres Trainings absolvieren sollten. Ein Gesundheitstraining wäre bei etwa 65 bis 75 Prozent des Maximalpulses anzusetzen, flotteres Fitnesstraining zwischen 75 und 85 Prozent.

Auf diese Weise können Sie nun Ihr Training möglichst variabel anlegen und in beiden aeroben Bereichen walken. Die anaerobe Schwelle liegt bei etwa 87 Prozent des Maximalpulses. Wer schon lange Ausdauersport betreibt, erhält sich übrigens oft einen höheren Maximalpuls als den mit der Standardformel berechneten.

Laktatmessung zur Trainingskontrolle

Mit der direkten Ermittlung der Milchsäurekonzentration im Blut bietet sich ein Messverfahren, das die Herzfrequenzkontrolle gut ergänzt. Die Laktat-

> **Selbsttest**
>
> **Sie können den Maximalpulstest auch auf einem Laufband mit zehn oder mehr Prozent Steigung im Fitnesscenter durchführen.**

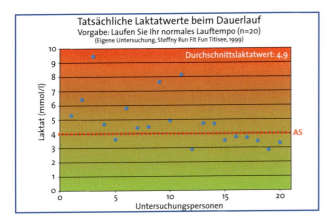

Die meisten Läufer trainieren ohne es zu wissen im roten Bereich.

Solche Tests werden in sportmedizinischen Instituten oder in Fitnessseminaren angeboten. Die Laktatmessung eignet sich auch hervorragend zur Ermittlung der anaeroben Schwelle in einem Test mit mehreren stetig ansteigenden Belastungsstufen (Laktatstufentest). Man ermittelt den zugehörigen Pulswert an der Schwelle, also bei vier Millimol pro Liter. Dieser anaerobe Schwellenpuls sollte im Training nicht überschritten werden. Für den Test sollten Sie ausgeruht sein und möglichst volle Glykogenspeicher haben. Hartes Training, Hungern, Vitamin-C-Tabletten oder Diäten können die Laktatwerte verfälschen. Wurde der Laktattest gut durchgeführt, können Sie sich an dem Wert ein Jahr oder länger orientieren. Die Laktat-Herzfrequenz-Messung soll dazu beitragen, verloren gegangenes Körpergefühl wiederzuerlangen. Letztlich ist es ein wichtiges Trainingsziel, auf die Signale des Körpers zu achten. Schmerzt das Knie trotz niedriger Pulsfrequenz und geringem Laktatwert, ist auf jeden Fall eine regenerative Pause angesagt.

messung kann Walker oder Laufeinsteiger vor Überforderung schützen. Denn auch eigene Kontrolluntersuchungen zeigen immer wieder, dass sich viele Fitnesseinsteiger viel zu hoch belasten, was auch den orthopädischen Stress unnötig erhöht.

Zur Laktatmessung muss man sofort nach der zu testenden Belastung einen Tropfen Blut aus der Fingerbeere oder dem Ohrläppchen entnehmen.

Der Einstieg ins Training sollte auf jeden Fall sanft und deswegen individuell unterschiedlich sein. Wichtig ist, dass Sie in Bewegung kommen!

Training und Technik

Wie oft, wie schnell, wie lange?

Führende Sportmediziner und Trainer empfehlen dem Fitnesssportler, der seinen Kreislauf und seine Kondition ohne Leistungssportambitionen verbessern möchte, regelmäßiges ganzjähriges Training von mindestens dreimal Ausdauersport pro Woche. Die Dauer des Trainings umfasst zu Beginn wenigstens 30 Minuten. Der Puls sollte je nach Fitnesszustand zwischen 65 und 80 Prozent des Maximalpulses liegen. Dies ist für den Einsteiger zunächst das Ziel, um einen guten Fitnesslevel zu erreichen. Manche werden anfangs ohne Mühe schon länger walken können, für andere, v. a. für Übergewichtige, kann das zu Beginn aber auch ein Spaziergang sein. Sie sollten sich fordern, aber nicht überfordern. Wer sich zu viel vornimmt,

kann sich überlasten, verletzen und den Spaß verlieren. Durch regelmäßiges lockeres Training vermindern Sie viele Herz-Kreislauf-, orthopädische und immunologische Risiken, denn wie bereits erwähnt, bauen Herz-Kreislauf-System, Muskulatur, Knochen und Gelenke im Schongang eher ab, weil sie nicht benutzt werden.

Die richtige Technik

Gehen kann jeder, aber meistens nur spazieren oder schlendern. Flottes Gehen will gelernt sein! Im Eilschritt zum Bahnhof oder zur Straßenbahn haben Sie sicher schon einmal die flotte Gangart kennen gelernt. Aber wenn Sie länger als zehn Minuten unterwegs sind, und wenn Sie die Arme stärker bewegen müssen, sieht das schon anders aus. Der ungewohnte Armeinsatz und ein runder ökonomischer Schritt müssen von vielen erst mühsam einstudiert werden. Unser individueller Gehstil ist auch Ausdruck unserer orthopädischen Geschichte, bei der Beinlängendifferenzen, Beckenschiefstand, frühere Verletzungen oder ein arbeitsplatzbedingtes muskuläres Ungleichgewicht (Dysbalance) eine Rolle spielen können. Zudem drückt sich

Versuchen Sie nicht, in zwei Wochen alles aufzuholen, was Sie jahrelang versäumt haben. Ihr Körper wird sich anpassen, braucht dafür aber etwas Zeit.

Beim Walking wird der Vorfuß etwas höher gehoben. Das kann sich als Überforderung der Fußhebermuskulatur bemerkbar machen. Sie spüren am Schienbein Muskelkater, im schlimmeren Fall wird daraus eine Knochenhautreizung.

der seelische Zustand im Gehstil aus: vorsichtig, gesenkten Hauptes und ängstlich oder aufrecht und kraftvoll, mit stolzgeschwellter Brust. Aber kompliziert ist Walking nicht. Gehen Sie zu Beginn ganz normal, beschleunigen Sie dann etwas, und schwingen Sie die Arme einfach höher. Dann verfeinern Sie mit der Übung die Technik.

Die Füße richtig heben und abrollen

Gehen Sie anfangs nicht zu schnell. Setzen Sie leicht über die Außenkante hinten am Schuh auf, rollen Sie über den ganzen Fuß, und drücken Sie sich über den großen Zeh nach vorne ab. Der Fuß sollte dabei möglichst gerade nach vorne zeigen und kaum seitlich nach außen stehen, sonst verkürzt sich Ihre Schrittlänge.

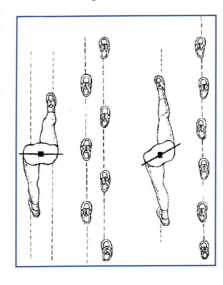

Je höher die Geschwindigkeit beim Gehen, desto mehr gehen Sie auf einer Linie und bringen das Becken vor. Nach C. Meyers, 1992.

Recht häufig kann in der Abrollphase eine Überpronation, d.h. eine Kippbewegung nach innen vorkommen (siehe Seite 43). Je schneller Sie im Verlauf Ihres Trainings gehen, desto kraftvoller wird Ihr Abdruck. Ihr Schritt wird länger werden. Setzt man beim Spazierengehen die Füße noch nebeneinander, so gehen Sie beim Powerwalking und Wettkampfgehen mehr auf einer gedachten Linie (siehe Grafik). Beim Racewalking hilft die befremdlich anmutende Hüftdrehung, den Schritt noch weiter zu verlängern.

Aufrechte Haltung, freie Atmung – und lächeln!

Der Oberkörper sollte aufrecht sein. Der Kopf ist die Führungsstruktur; starren Sie also nicht vor sich in den Boden. Durch muskuläre Verkürzungen der Brustmuskeln hängen die Schultern oft nach vorne. Die Rückenmuskulatur ist zu schwach, um dagegenzuhalten. Eine aufrechte Körperhaltung sollte also auch durch Dehnungs- und Kräftigungsgymnastik unterstützt werden. Eine gut trainierte Rumpfmuskulatur hilft dabei.

Je aufrechter Sie gehen, desto freier ist auch die Atmung. Im Büro atmen wir in gebeugter Haltung nur sehr flach. Durch Walking erlernen Sie wieder eine tiefere Sauerstoffaufnahme. Der Ein- und Ausatemrhythmus wird sich natürlich auf Ihre Schritte einstellen. Atmen Sie zu hastig oder kommen Sie zu schnell außer Atem, sind Sie zu schnell, übersäuern und verbrennen kein Fett. Je nach Tempo nehmen Sie den Sauerstoff über die Nase oder – beim flotteren Walking – durch den Mund auf. Im Winter können Sie durch die Nase die kalte Luft vorwärmen und anfeuchten. Und last, but not least: Vergessen Sie nicht zu lächeln – auch das macht locker!

Der richtige Armschwung bringt Sie voran

Die Arme schwingen locker eng neben dem Körper nach vorne. Unter- und Oberarm bilden etwa einen rechten Winkel. Sie dürfen nicht zu tief hängen. Die Hände sind locker, der Daumen auf der Oberseite. Machen Sie keine Faust. Dies spricht übrigens auch gegen den Einsatz von Gewichten und Hanteln. Ihre Arme verkrampfen bis in die Schultern. Stellen Sie sich vor, Sie hätten einen Schmetterling in der Hand, der nicht entkommen soll, aber auch nicht zerdrückt werden darf. Der Armschwung wird mit fortgeschrittener Technik immer stärker werden. Aus einem anfänglichen Pendeln wird ein kräftiger Armeinsatz.

Die Arme geben einen Impuls in die Richtung, in die sie geführt werden. Sie können mit vollem Armeinsatz schneller nach vorne kommen. Beachten Sie einmal die Oberkörpermuskeln von Sprintern und Wettkampfgehern. Die laufen nicht nur mit den Beinen!

Viele Walker und Läufer schwingen mit den Armen jedoch zu weit nach innen. Das bringt den Oberkörper aus der nach vorne gerichteten Bewegung immer ein wenig heraus. Der Armschwung sollte nach vorne nicht über die Mittellinie des Körpers hinaus, besser neben den Kopf in Schulterhöhe gehen. Fragen Sie sich: Wo will ich hin? Nach vorne! Ohne gymnastische Unterstützung und permanente Bewusstmachung bekommen Sie solche Fehlbewegungen möglicherweise gar nicht mehr heraus.

Sie können sich aber beispielsweise durch die Stockführung beim Nordic Walking dazu zwingen, die Arme nach vorne zu führen.

Eine Videoanalyse Ihres Walkingstils hilft, stilistische Fehler aufzudecken. Was man selbst sieht, glaubt man auch.

Gehen Sie aufrecht, und rollen Sie über den ganzen Fuß ab. Pendeln Sie die Arme locker nach vorne, aber nicht über die Mittellinie des Körpers hinaus. Nach C. Meyers, 1992.

Gehen ist langweilig? Von wegen! Ob Powerwalking, Hillwalking oder Nordic Walking – es gibt inzwischen so viele Walkingvarianten, dass garantiert für jeden etwas dabei ist.

VARIANTEN
UND PLANUNG

Walking – in allen Variationen

Gehen, Wandern und Walking haben vom Sonntagnachmittagsspaziergang bis zur olympischen Disziplin viele Facetten.

Die Palette der Walkingvarianten reicht vom Spaziergang (Strolling) bis zum Wettkampfgehen (Racewalking). Es gibt eine Fülle von verwirrenden Modebezeichnungen. Die amerikanischen Namen haben sich allgemein eingebürgert, so dass auch ich sie hier neben allgemein verständlichen deutschen Begriffen verwenden möchte. Zwischen den langsameren und den schnellen Varianten gibt es einige Überlappungsbereiche.

Spazierengehen und Wandern

Spazierengehen und Wandern – in den USA spricht man von Strolling oder Hiking – haben in Deutschland eine lange Tradition. Der Schwarzwald- und der Alpenverein beispielsweise zählen inzwischen eine enorme Anzahl an Mitgliedern.

In den Bergen bei dünner Höhenluft zu wandern, vielleicht noch mit schwerem Gepäck, ist jedoch nicht nur eine nette Freizeitbeschäftigung, sondern auch ein intensives Ausdauertraining. Meist geht man jedoch nur im Urlaub wandern und betreibt diesen Sport nicht ganzjährig. Eine kontinuierliche ganzjährige Belastung ist aber unbedingt notwendig. Extrembergsteiger wie Reinhold Messner z. B. halten sich mit Jogging fit. Spaziergänge in etwas flotterem Tempo kann man mehrmals in der Woche einplanen. Sie müssten aber mindestens eine halbe, besser noch eine Stunde am Stück dauern. Der Verdauungsspaziergang nach Kaffee und Kuchen ist keine wirksame Belastung. Für stark übergewichtige, untrainierte, für schwangere oder ältere Menschen kann allerdings dreimal wöchentlich eine Stunde Spazierengehen schon die ausreichende Intensität für ein Gesundheitstraining darstellen. Hauptsache, der Puls kommt mindestens in die Zone von 60 bis 70 Prozent der maximalen Herzfrequenz (HFmax). Zum Einstieg reicht es dann, den Hund auszuführen oder einen Spaziergang mit dem Kinderwagen zu unternehmen.

Gesundheitswalking

Beim Gesundheits- oder Healthwalking beginnt für die meisten Einsteiger das eigentliche Walking mit dem Zielen Herz-Kreislauf-Training und Gewichtsabnahme.

Mit betontem Armeinsatz und deutlich flotterem Tempo, Walkingschuhen und Sportkleidung ausgerüstet, wird ein gezieltes Ausdauertraining absolviert. Der Puls liegt im Bereich von 65 bis 75 Prozent der HFmax. In dieser ruhigeren Trainings-

Die variable Intensität und Trainingsumgebung machen Walking zu einer ausgesprochen abwechslungsreichen Sportart.

zone werden vornehmlich längere Trainingseinheiten durchgeführt. Der Spaß steht dabei im Vordergrund. Sie können sich noch bestens unterhalten. Gleichzeitig befinden Sie sich jedoch in der optimalen Fettverbrennungszone. Auch schnellere, fitnessorientierte Walker können diese für sie eher regenerative Zone an Zwischentagen nach flotten Powereinheiten einbauen.

Fitnesswalking

Wer schon einen besseren Trainingszustand hat, schon länger beim Walking dabei ist und meist auch das Gewicht schon gut in den Griff bekommen hat, kann sich höher belasten. Fitnesswalker möchten neben den Motivationen Herz-Kreislauf-Training und Gewichtsabnahme auch schneller werden oder länger gehen können.

Die Pulsbelastung liegt bei 70 bis 80 Prozent der maximalen Pulsfrequenz, also etwas höher als beim Gesundheitswalking. In diesem mittleren Belastungsbereich können Sie durchaus über eine Stunde unterwegs sein und sich immer noch im grünen Bereich gut unterhalten.

Powerwalking

Wer sinnvoll Powerwalking betreibt, ist in der Regel schon länger dabei und schon ziemlich fit. Man beherrscht die Technik bestens und kann mit kräftigem Armeinsatz und großem Schritt ein flottes Tempo vorlegen. Die Arme schwingen nach vorne bis in Schulterhöhe oder sogar neben den Kopf. Die Pulsbelastung liegt bei 80 bis 85 Prozent und darüber, d. h. in der Nähe der anaeroben Schwelle. Entsprechend wird man schon stärker atmen. Vor dem Powerwalking sollten Sie sich zehn Minuten lang erst einmal warm gehen.

In den USA wird unter Powerwalking auch flottes Gehen mit Gewichten verstanden. Ein weiterer Begriff, »Wogging« – er setzt sich aus Walking und Jogging zusammen – beschreibt ebenfalls das flotte Gehen. Wer Power-

Powerwalking ist gewissermaßen die Tempoeinheit beim Gehen. Mancher langsame Jogger wird von Powerwalkern eingeholt.

walking problemlos beherrscht, ist vielleicht auf dem Sprung zum Jogging. Man muss aber weder aus Fitness- noch aus Gesundheitsgründen automatisch zum »Läuferlager« überwechseln. Der Energieverbrauch kann ab einer Geschwindigkeit von acht Kilometer pro Stunde sogar höher sein als beim Laufen im gleichen Tempo. Das orthopädische Risiko ist dabei allerdings geringer. Schon das könnte ein Grund sein, beim flotten Walking statt Jogging zu bleiben.

Racewalking und Wettkampfgehen

Racewalking oder Wettkampfgehen ist die schnellste Form des Gehens und eine der ältesten olympischen Disziplinen. Hier beginnt der Leistungssport. Ziel ist meist der direkte Leistungsvergleich im Wettkampf. Die Technik ist anders und wird oft belächelt. Die rotierende Hüftkippung, die der Schrittverlängerung dient, wird als unästhetisch empfunden und steht sogar in dem Verdacht, orthopädische Probleme wie Arthrose zu erzeugen. Das ist aber nicht richtig. Der Bewegungsablauf beim Racewalking ist dynamisch gleitend, es gibt keinen harten Aufprall, da ein Bein immer Bodenkontakt haben muss. Es wird über die Ferse aufgetreten, und das Knie muss gestreckt sein. Wettkampfgehen gehört mit der 10-Kilometer-Distanz bei den Frauen und dem 20- und 50-Kilometer-Gehen der Männer zu den olympischen Disziplinen.

Die Racewalker erreichen beträchtliche Geschwindigkeiten. Der Weltrekord über 50 Kilometer wird bei den Männern mit einem Tempo von 4:25 Minuten pro Kilometer zurückgelegt. Das ist mit über 14 Kilometer pro Stunde schon sehr flottes Dauerlauftempo, und das über diese gewaltige Distanz! Es darf aber nicht wie beim Laufen eine Flugphase vorkommen. Selbst geschulte Kampfrichter können nicht immer erkennen, ob mindestens noch ein Fuß Bodenkontakt hat. Daher kommt es bei Wettkämpfen oft zu umstrittenen und spektakulären Disqualifikationen noch vor dem Ziel oder sogar im Nachhinein.

Sportliche Walkingveranstaltungen ohne echten Wettkampfcharakter finden übrigens im Rahmen vieler Volks-

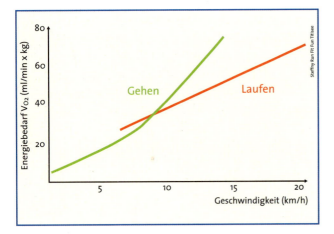

Der Energiebedarf beim Walking bei einer Geschwindigkeit über 8 km/h ist sogar höher als beim Laufen (verändert nach Menier und Pugh, 1968).

läufe und Citymarathons wie Berlin oder Honolulu statt. Hier ist der Reiz eigentlich nur die Teilnahme am Massenspektakel. Vielleicht ist Ihr Lebenspartner Marathonläufer, aber Sie waren auch aktiv dabei!

Tempospritzen für Fortgeschrittene

Wenn Sie als fortgeschrittener Walker möglichst variabel trainieren, kommen Sie bei gleichem Zeitaufwand noch weiter. Monotones Training stumpft ab und führt zur Stagnation. »Kalter Kaffee, kann ich schon!«, wird Ihr Körper sagen.

Setzen Sie daher in Ihrem Wochenprogramm unterschiedliche Akzente. Neben einer besonders langen Trainingseinheit am Wochenende kann man auch einmal pro Woche ein flotteres Tempo einschlagen.

Wechseln Sie nach einer zehnminütigen Aufwärmphase für 20 (zu Beginn) bis 40 Minuten (Fortgeschrittene) in den Powerwalkingbereich bei

Fortgeschrittene Walker sollten ihr Training variabel gestalten und einmal in der Woche eine flottere Einheit einplanen.

80 bis 85 Prozent Ihres Maximalpulses, und beenden Sie die Einheit mit zehn Minuten lockerem Walking im 65- bis 70-Prozent-Bereich, um die entstandene Milchsäure wieder abzubauen. Sie können alternierend in der darauf folgenden Woche ein Walkingprogramm mit Tempowechsel einplanen.

Intervalltraining und Fahrtspiel

Eingebettet in ein zehnminütiges lockeres Warm-up und ein abschließendes Cool-down, können Sie kurze, schnellere Abschnitte z. B. mit den folgenden Variationen trainieren:

▶ »Take five«: 5-mal 5 Minuten flott gehen bei 85 bis 90 Prozent des Maximalpulses. Erholen Sie sich zwischendurch mit langsamen 3-minütigen Gehpausen bei 65 bis 70 Prozent der HFmax. Bei diesen kurzen Intervallabschnitten kommen Sie ziemlich außer Puste. Sie geraten sogar leicht in den anaeroben Bereich. Sie müssen die Technik recht gut beherrschen, um geradeaus solche hohen Pulswerte zu erreichen. Nicht wenige verfallen dabei in langsames Jogging. Dies könnte also sogar ein Übergangstraining zum Laufen werden.

▸ **Fahrtspiel** (schwedisch »Fartlek«): Diese Form des intensiven Trainings macht je nach Geländeprofil und Untergrund besonders viel Spaß. Sie können sich nach Lust und Laune auf unterschiedlich langen Abschnitten zwischen 70 und 90 Prozent der HFmax belasten. Die kürzeren Abschnitte liegen im höheren Bereich. Die langsamen Gehpausen sollten etwa halb so lang wie der flotte Abschnitt sein. Streuen Sie, wenn möglich, ein paar kleine Hügel ein, gehen Sie auf unterschiedlichem Untergrund, walken Sie querfeldein. Schritt und Tempo werden spielerisch wechseln, Ihre Muskulatur wird vielfältig trainiert.

Hügelpower und Hillwalking

Wenn Ihr Trainingsgelände es ermöglicht, können Sie auch in den Bergen oder an Hügeln die Herausforderung suchen. Bergan können Sie leichter höhere Belastungen erreichen, indem Sie z. B. einen kleinen Hügel mehrfach hoch- und runterwalken. Wenn Sie einen Berg kontinuierlich hochwalken, sind Sie ein »Hillwalker«, d. h. ein sportlicher, ziemlich flotter Bergwanderer ohne das »typische« Equipment wie Bergstiefel, Stock oder Tirolerhut.

Training der besonderen Art: Beim Hillwalking bekommen Sie ein Gipfelerlebnis gewissermaßen gratis mit dazu.

Hillwalking ist ein intensives Kraftausdauertraining, das bei gleichem Puls bergan eine geringere orthopädische Belastung als Powerwalking im Flachen darstellt. Sie sollten bei längeren Berganstücken nicht über 85 Prozent der HFmax hinausgehen. Kurze Hügelwiederholungen können dagegen bis zu 90 Prozent der HFmax gehen. Schön wäre es, wenn Sie im Urlaub mit einer Bergbahn oder mit Bekannten im Auto herunterfahren könnten, denn Bergabgehen belastet sehr. Wenn Sie es nicht vermeiden können, machen Sie kleinere Schritte, gehen Sie betont langsamer, und versuchen Sie, den Aufprall in den Knien muskulär und weich abzufedern. Für das Bergabgehen in den Bergen ist Nordic Walking besonders geeignet.

Nordic Walking

Nordic Walking ist eine finnische Walkingvariante. Die Finnen betreiben damit auch im Sommer eine Mischung aus Walking und »Trockenskilanglauf«, »Sauvakävely«, wie Nordic Walking dort heißt. In diesem skandinavischen Land ist es längst eine Massensportart, die im Jahr 2000 von fast einer halben Million Menschen regelmäßig betrieben wurde, und das bei nur etwas über fünf Millionen Einwohnern. Überall gibt es spezielle Nordic-Walking-Treffs, die teilweise sogar Stöcke für das Training ausleihen. Selbst in der Innenstadt von Helsinki kann man Gruppen von Nordic Walkern trainieren sehen.

Aber auch bei uns setzen Skilangläufer im Sommer zum Krafttraining der Armmuskulatur Langlaufstöcke bei Bergaufläufen ein.

Nordic Walking macht besonders im welligen und bergigen Gelände Spaß. Bergan gehen Sie auf allen Vieren, setzen also durch die Stöcke Ihre »Vorderbeine« mit ein. Sie trainieren sozusagen mit Vierradantrieb. Bergab helfen die Stöcke dabei, den Aufprall abzufangen; Sie schonen Ihre Knochen und Gelenke und verhindern stärkeren Muskelkater, weil Sie die Anstrengung gleichmäßig auf Beine und Arme verteilen.

Hervorragendes Ganzkörpertraining

Die Nordic-Walking-Stöcke sind keineswegs Spazier- oder Stützstöcke, wie man sie bei Bergwanderern oft sieht. Sie sind viel länger und verfügen über ergonomische Handschlaufen für optimalen Halt, gute Führung und einen kräftigen Abdruck nach hinten. Dabei trainiert man neben der vorderen und hinteren Armmuskulatur auch Rücken und Bauch.

Mit Gewichten (so genannten Heavy Hands) hat man schon beim Jogging versucht, die Armmuskulatur vermehrt zu kräftigen. Je nach Gewichtszulage schwingen die Arme dabei jedoch unkontrolliert mit, und die verkrampften Hände führen zu verspannten Armen und Schultern. Mit den Nordic-Walking-Stöcken verbrauchen Sie nicht nur mehr Kalorien als mit den Gewichtswesten oder Heavy Hands, Sie entlasten damit sogar noch den Bewegungsapparat. Daher ist diese Walkingform ganz besonders für Übergewichtige und orthopädisch anfällige Personen zu empfehlen.

Unkenrufe

»Sie haben wohl Ihre Skier verloren?« ist eine der klassischen Bemerkungen, auf die sich ein Nordic Walker in ungewohnter Umgebung einstellen muss. Aber wurden nicht auch Läufer früher belächelt? Und wer sagt eigentlich, dass der Mensch seine Vorderbeine nicht mehr zum Vortrieb gebrauchen sollte?

BILD LINKS: *Wie Skilanglauf im Sommer: Nordic Walking wird auch in Deutschland immer beliebter.*
BILD RECHTS: *Wichtigste Ausrüstungsgegenstände sind – neben den Schuhen – die Stöcke.*

Die Stöcke beim Nordic Walking trainieren nicht nur die Arm- und Schultermuskulatur. Sie sorgen auch dafür, dass die Gelenke weniger belastet werden – die Füße beispielsweise um rund 26 Prozent.

Gerade Einsteiger lassen beim normalen Walking die Arme immer wieder absinken, sei es aus Scham, als Walker identifiziert zu werden, oder aus purer Nachlässigkeit. Dadurch werden die Arm- und Rumpfmuskeln nicht trainiert, und der Kalorienverbrauch ist wesentlich geringer.

Ganz anders beim Nordic Walking: Wer die Stöcke als Sportinstrument verwendet, kommt gar nicht daran vorbei, seinen Oberkörper zu trainieren. Endlich weiß der Walker, wohin mit den Armen, denn mit Stöcken in der Hand muss man sie auch einsetzen. Im Vergleich zu kombinierten Fitnessgeräten im Studio (wie beispielsweise der Stepper mit gleichzeitigen Armzügen) ist Nordic Walking ein Ausdauersport in der freien Natur und erzielt ein wesentlich vielfältigeres Muskeltraining, da die Fitnessmaschinen den Bewegungsablauf ziemlich stur vorgeben.

Zum Abnehmen empfehlenswert

Das renommierte Cooper Institute in Dallas, USA, bescheinigte im Herbst 2000 dem Nordic Walking im Verhältnis zum normalen Walking bei gleicher Geschwindigkeit einen 20 Prozent höheren, gegenüber dem Wandern sogar einen 40 Prozent höheren Kalorienverbrauch und eine größere Sauerstoffaufnahme. Subjektiv empfanden die Testpersonen Nordic Walking aber keineswegs als anstrengender, weil sich die Belastung auf mehr Muskeln verteilt. Es wird zum Abnehmen deshalb ausdrücklich empfohlen. Andere Untersuchungen bescheinigen Nordic Walking bei intensivem Stockeinsatz und gleicher Geschwindigkeit sogar einen 55 Prozent höheren Energieverbrauch im Vergleich zum normalen Walking.

In Finnland untersuchte man 1999 den Einfluss von Nordic Walking auf durch Haltungsfehler verursachte Beschwerden bei Angestellten mit PC-Arbeitsplatz. Bei über der Hälfte der Untersuchten verschwanden die Rückenbeschwerden nach einiger Zeit Nordic-Walking-Trainings. Allmählich wurden zudem auch die Wirbelsäulen der Testpersonen beweglicher.

Obwohl der Fitnesssport Nordic Walking also zunächst befremdlich anmuten mag, hat er bei näherer Betrachtung der Forschungsergebnisse und Erfahrungen doch ausgesprochen viele Vorteile und ist daher besonders empfehlenswert.

▶ Neben den Beinen wird auch die Arm-, Schulter-, Brust-, Bauch- und Rumpfmuskulatur trainiert.

▶ Durch den höheren Anteil verwendeter Körpermuskulatur werden im Vergleich zum normalen Walking zwischen 20 und 55 Prozent mehr Kalorien verbrannt.

▶ Je nach Stockeinsatz ist der Puls um rund 10 bis 20 Schläge erhöht.

▶ Ein großer Teil des Trainings findet im Fettstoffwechsel statt, da die einzelnen Muskeln nicht »volle Pulle« arbeiten müssen.

▶ Durch den Vierfüßlergang werden der passive Bewegungsapparat, die Knie, der Rücken und die Gelenke je Stockeinsatz um fünf bis acht Kilogramm entlastet. Rechnet man das einmal zusammen, sind das sage und schreibe zwischen 15 und 35 Tonnen pro Stunde!

▶ Die Schulter- und Nackenmuskulatur wird besser durchblutet und weniger verspannt, was die Neigung zu Kopfschmerzen deutlich vermindert.

▶ Bergan hat der Nordic Walker mit seinen Stöcken gewissermaßen den Vorteil des »Vierradantriebs«.

▶ Beim Bergabgehen wird das Körpergewicht aktiv aufgefangen.

▶ Die Stöcke erlauben einen sicheren Tritt auch auf rutschigem Untergrund, Eis und Schnee.

▶ Die Stöcke können auch beim Gymnastikprogramm eingesetzt werden.

Nordic Walking gewinnt auch in Deutschland immer mehr Anhänger. Besonders von Schwangeren, Menschen mit Übergewicht oder orthopädischen Problemen wird diese sanfte Ausdauersportart auf Anhieb geschätzt. Probieren Sie es doch einfach einmal aus. Endlich ein Fitnesstraining ohne Kniebeschwerden und Rückenprobleme. Selbst Nackenverspannungen und Migräne verschwinden durch die intensivere Bewegung der Arme und Schultern.

Spielerisches Training auch querfeldein

Am schönsten ist Nordic Walking im welligen Gelände auf Waldwegen oder abseits von Naturschutzgebieten quer-

Der erhöhte Puls und Kalorienverbrauch beim Nordic Walking kommt nicht etwa durch eine höhere Intensität, sondern durch die Einbeziehung von mehr Körpermuskulatur zustande.

Eine Sportart für jede Lebenslage

Wenn Sie im Gebrauch der Stöcke beim Nordic Walking geübt und sicher sind, können Sie sie mit erhöhtem Druck auf den Untergrund aufsetzen.

feldein über gemähte Wiesen und durch lichte Wälder. Das Training in der freien Natur bekommt spielerischen Charakter. Jeder Hügel wird eine kleine Herausforderung.

Im Gelände setzen Sie die gehärteten Metallspitzen ein. Die Stöcke geben so selbst im Winter auf Eis und Schnee einen sicheren Halt. Nordic Walking eignet sich dabei besonders für Fahrtspiel und Hillwalking. Fortgeschrittene können Nordic Walking auch zu Stocksprüngen an Hügeln verwenden. Diese Sprungläufe sind ein sehr intensives Kraftausdauertraining, wie es Skilangläufer im Sommer durchführen. Laufen Sie in großen Schritten mit Stockabdruck einen kürzeren Hang mehrfach hoch, und walken Sie anschließend entspannt hinunter. Auf Asphalt stülpen Sie die Gummifoten über die Spitzen. Sie dämpfen den harten Aufprall des Stocks auf der Straße und verhindern unangenehme Schläge in den Arm.

So geht Nordic Walking

Die Technik des Nordic Walking ist eigentlich nicht schwierig. Aber ähnlich wie beim Skilanglauf haben manche Einsteiger am Anfang Probleme mit der Koordination der Arme und Beine.

Nordic Walking ist insbesondere auf Naturwegen im bergigen Gelände ein abwechslungsreiches Ganzkörpertraining mit Spaß.

Beginnen Sie in flachem Gelände. Am besten walken Sie zunächst ohne großen Stockeinsatz, sondern pendeln wie beim Spazierengehen abwechselnd die Arme mit den Händen in den Schlaufen nur passiv. Die Stöcke schleifen zunächst nur über den Boden. Gehen Sie aufrecht mit größer werdenden Schritten.

Wenn Sie nach einer Weile diese Arm- und Beinbewegung sicher koordiniert ausführen können, führen Sie die Arme weiter nach vorne bis fast in Brusthöhe und beginnen, mit leichtem Druck in die Schlaufen den Stock beim Rückführen weit nach hinten zu schieben. Sie sollten dabei zunächst die Griffe noch nicht fest umklammern. Sie werden etwas Widerstand auf dem Untergrund spüren. Nun verstärken Sie den Druck, indem Sie die Spitzen neben Ihrem Körper bewusster in den Untergrund stemmen. Der Stock setzt gleichzeitig mit der gegenüberliegenden Ferse auf. Mehr und mehr werden Sie den Vortrieb spüren. Ihre Schritte

Varianten und Planung | **74**

werden sich weiter verlängern, und die Geschwindigkeit wird höher. Nun führen Sie die Stöcke nach vorne noch höher, umfassen beim Einstechen die Griffe fester und erhöhen den Abdruck auf dem Untergrund. Führen Sie die Arme eng am Körper vorbei. Die Bewegungskoordination hat sich nach einer Trainingseinheit meistens schnell eingespielt.

Für Fortgeschrittene

Die Spitzen der Stöcke sollten beim Bodenkontakt wie beim Skilanglauf nicht nach vorne weisen, sondern vor Ihren Beinen leicht nach hinten zeigend einstechen. Andernfalls bremsen Sie sich selbst aus, was bergab natürlich einen Sinn machen kann. Wenn Sie die Technik besser beherrschen, halten Sie die Griffe nicht unentwegt und verkrampft fest, sondern öffnen die Hände hinter dem Körper, wenn Sie den hintersten Abdruckpunkt erreicht haben. Dadurch verhindern Sie, dass Ihre Hand-, Arm- und Schultermuskulatur verspannt.

Die ergonomischen Handschlaufen ermöglichen eine problemlose Rückführung, ohne den Stock zu verlieren. Je bewusster Sie abdrücken, nicht zu früh dabei abbrechen und die Arme weit nach hinten führen, desto intensiver ist das Training der Arm- und Brustmuskulatur und umso schneller werden Sie vorankommen.

Vielleicht ermüden zu Beginn Ihre Arme schneller als die Beine. Dann sollten Sie es nicht übertreiben. Lassen Sie der Armmuskulatur ein wenig Zeit, in die ungewohnte Belastung hineinzuwachsen.

Vom Einsteiger zum Könner

Erwarten Sie nicht, dass Sie bei Ihrem ersten Walking wie ein Reh durch den Wald springen. Vielleicht kommen Sie zunächst mit der Gehtechnik nicht zurecht. Oder Sie muten sich zu viel zu und sind außer Atem. Die Bedienung des Herzfrequenzmessers war vielleicht noch ungewohnt.

Keine Panik. Jahrelange oder gar jahrzehntelange Untätigkeit geht eben nicht spurlos an einem vorüber. Auch wenn Sie früher einmal Sport getrieben haben und nun wieder einsteigen wollen, können Sie nicht sofort dort anknüpfen, wo Sie aufgehört haben. Vielleicht ist es Ihnen ein Trost, dass selbst Leistungssportler nach Trainingspausen oder bei ungewohnten Belastungen Muskelkater bekommen. Wenn jemand Klavier spielen lernt, kommen beim ersten Mal auch nur schräge Töne heraus.

Wer seine Ausdauer verbessern will, muss etwas Geduld aufbringen. Was man über viele Jahre verloren hat, kann man sich nicht in ein paar Tagen wieder aneignen. Trainieren Sie über das ganze Jahr. Wer im Herbst aufhört,

Geselligkeit und Rat finden Sie bei den zahlreichen Lauftreffs mit Walkinggruppen. Erkundigen Sie sich beim Rathaus oder Stadtsportamt danach.

fängt im Frühjahr fast wieder von vorne an. Wer kontinuierlich dabei bleibt, wird sich über die Jahre hinweg stetig verbessern.

Am Anfang lieber tieferstapeln

Sicher hängt Ihre erste Walkingerfahrung auch davon ab, welche konditionellen Voraussetzungen Sie mitbringen. Wer regelmäßig Rad gefahren ist oder Aerobic-Kurse besucht hat, hat sicherlich eine bessere Grundlage als ein z. B. stark übergewichtiger 40-Jähriger, der lange keinen (Ausdauer-)Sport mehr betrieben hat. Seien Sie also vor allem ehrlich mit sich selbst!

Je besser die Grundkondition, desto leichter der Einstieg ins Walkingtraining. Vielleicht haben Sie ja schon Erfahrungen beim Jogging oder auf dem Laufband im Fitnessstudio gesammelt?

Sie können alleine beginnen oder in der Gruppe. Letzteres empfiehlt sich besonders, um gemeinsam bei der Stange zu bleiben, denn erfahrungsgemäß ist es mitunter ein Problem, sich alleine aufzuraffen. Hinterher hat es aber selten jemand bereut. Vielleicht lassen sich Gleichgesinnte in der Familie, unter Freunden oder am Arbeitsplatz finden? Lassen Sie sich jedoch nicht als »Sparringpartner« von Schnelleren missbrauchen. Davon haben Sie nichts.

Auf flachem Waldweg beginnen

Einsteiger sollten sich zu Beginn vorsichtig der noch ungewohnten, kontinuierlichen Belastung nähern. Suchen Sie sich einen Waldweg in flachem Gelände, und walken Sie zunächst einmal langsam. Kontrollieren Sie dabei den Puls. Sollte Ihnen Walking, gleich aus welchem Grund, in der Öffentlichkeit vorerst schwer fallen, wählen Sie eine nicht so stark frequentierte Gegend oder Tageszeit für Ihr neues Hobby.

Walking können Sie eigentlich zu jeder Tageszeit betreiben. Lassen Sie sich auch nicht durch den ersten Muskelkater oder durch Fortgeschrittenere entmutigen; auch die haben einmal klein angefangen. Sie selbst sind bereits auf dem richtigen Weg. Sie haben angefangen, und niemand kann Sie mehr stoppen!

Machen Sie sich Ihre eigenen Fortschritte alleine oder in der Gruppe bewusst. Erinnern Sie sich beispielsweise daran, dass Sie vor drei Wochen noch nicht einmal bis zu der alten Eiche walken konnten – und nun schaffen Sie schon die größere Runde über die Brücke ohne Probleme! Da darf ruhig schon mal etwas Stolz über das eigene gesteigerte Leistungsvermögen aufkommen. Und wenn im Büro der Lift ausfällt und alles unten darüber murrt und stöhnt, steigen Sie eben munter die Treppe hinauf.

So geht's weiter

Versuchen Sie nicht, übermotiviert täglich zu trainieren. Als Einstiegsziel eignen sich am besten dreimal wöchentlich mindestens 30 Minuten. Vielleicht reicht zu Beginn sogar weniger. Am schlimmsten wäre es, wenn Sie sich gleich beim Einstieg schon überforderten, verletzten und den Spaß verlören.

Starten Sie – insbesondere wenn Sie stark übergewichtig sind – mit nur zwei Spaziergängen pro Woche, die nicht länger als 30 Minuten dauern sollten. Steigern Sie nach zwei Wochen auf dreimal 30 Minuten. Wer fitter ist, wird den Einstieg viel schneller schaffen. Achten Sie auf Ihre Körpersignale. Schmerzen, Müdigkeit, starke Verspannungen sind Warnsignale, die Sie auf keinen Fall ignorieren sollten. Nach einigen Wochen regelmäßiger Übung wird man feststellen, dass das Training immer leichter fällt und immer mehr Spaß macht.

Wenn Sie es problemlos schaffen, dreimal pro Woche zwischen 30 und 40 Minuten zu walken, steigern Sie zuerst die Häufigkeit und Dauer und erst zuletzt das Tempo. Verlängern Sie jeweils in Zwei-Wochen-Abständen eine Trainingseinheit am Wochenende auf 40, 50 und 60 Minuten. Wer mehr Talent hat und orthopädisch robust genug ist, kann sicher bald weit über 60 Minuten walken.

Nicht wenige Walker werden nach diesem sanften Einstieg ins »Läuferlager« überwechseln und bei entsprechender Vorbereitung auch an Volksläufen bis hin zum Marathonlauf teilnehmen. Solange dabei weder die Gesundheit noch das Familienleben oder Hobbys und Verpflichtungen gefährdet sind, ist das in Ordnung.

Ausdauertraining erfordert Geduld. Die Fitness verbessert sich erst im Lauf der Jahre. Wird das Training abgebrochen, geht die Fitness schnell verloren (verändert nach McArdle, Katch & Katch, 1994).

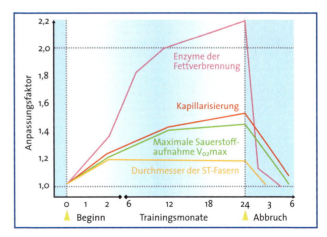

Trainingspläne

Nach dem Training das Dehnen nicht vergessen! Außerdem sollte dreimal pro Woche ein Kräftigungsprogramm absolviert werden.

Nach rund drei Monaten sind Sie vielleicht schon in der Lage, das nachfolgende variable Walkingtraining zu absolvieren. Neben dem langen Walking für die Grundlagenausdauer am Sonntag kommt nun freitags ein flottes Training pro Woche hinzu.

Wahrscheinlich haben Sie als Berufstätige(r) unter der Woche nicht so viel Zeit. Daher bündeln sich die langen und flotteren Einheiten am Wochenende. Sollten Sie freitagnachmittags nicht walken können, schieben Sie dieses Training auf Samstag.

Der folgende variable Plan (siehe unten) ist besser, als drei- oder viermal das Gleiche zu tun. Je vielfältiger die Trainingsreize, desto besser passt sich Ihr Körper an, und umso abwechslungsreicher ist das Training auch für Ihre Psyche.

Crosstraining

Natürlich müssen Sie nicht nur walken. Wer Herz und Kreislauf in Schwung bringen oder wer abnehmen will, kann mehrere Ausdauersportarten im Wochenverlauf triathlonartig miteinander kombinieren.

Nichts spricht dagegen, im Sommer z. B. Radfahren und Schwimmen in das Training zu integrieren. Durch diesen Triathlon beansprucht man den Bewegungsapparat nicht so einseitig,

Variabler Trainingsplan
für 3- bis 4-mal wöchentliches Walking

Mo	–
Di	–
Mi	40 Min. lockeres Walking bei 70–80 % der max. Herzfrequenz (HFmax)
Do	–
Fr	60 Min. Tempowechsel (Fahrtspiel / Hillwalking, 70–85 % der HFmax)
Sa	–
So	90 Min. lockeres Walking (65–75 % der HFmax)
Mo	–
Di	40 Min. lockeres Walking (70–80 % der HFmax)
Mi	–
Do	40 Min. lockeres Walking (70–80 % der HFmax)
Fr	–
Sa	60 Min. (Warm-up; 30 Min. Powerwalking, 85 % der HFmax; Ausgehen)
So	90 Min. lockeres Walking (65–75 % der HFmax)

Varianten und Planung

da jeweils Wasser oder das Rad das Körpergewicht tragen. Auch die Muskulatur wird vielseitiger trainiert.

Im Winter könnten Sie Skilanglauf dazunehmen oder abends in einem Hallenbad schwimmen gehen. Auch Rad fahren kann man im Winter: auf dem Ergometer im Fitnessstudio. Am Wochenende, wenn mehr Zeit zur Verfügung steht, sollten Sie die zeitintensiveren Radtouren oder die winterlichen Skilanglaufeinheiten einplanen.

Beim Radfahren liegen die Pulswerte im Vergleich zum Walking um 10 bis 15 Schläge niedriger. Allerdings erfordert diese Sportart etwa doppelt so lange Trainingszeiten, da man einen Teil der Zeit mit geringerer Intensität verbringen kann – z. B. beim Rollen, ohne zu treten.

Auf jeden Fall sollten Sie zu Beginn all dieser Sportarten vorsichtig in die Belastung hineinwachsen und darauf achten, das Training variabel zu gestalten, damit verschiedene Muskelgruppen zum Einsatz kommen.

Je nach Neigung können Sie auch Inlineskating, Aerobic, Spielsportarten oder Tanzen als Ausdauertraining einsetzen. Bei Spielsportarten sollte jedoch eine möglichst kontinuierliche Belastung gegeben sein. Spielerisch werden bei Spielsportarten nicht nur Ausdauer, sondern auch Koordination und Reflexe geschult. Bei Zweikämpfen oder abrupten Drehbewegungen sind allerdings die Verletzungsrisiken gesteigert. Nach harten Tagen sollte immer ein ruhigerer Erholungs- oder ein sanfterer Trainingstag folgen.

Für das Crosstraining eignen sich auch Spinning (mit guter Anleitung und ohne Hetzcharakter!) sowie die Rudermaschine im Fitnessstudio.

Trainingsbeispiel
Ausdauerfitness / Crosstraining

Mo	–
Di	40 Min. lockeres Walking (70 – 80 % der HFmax)
Mi	–
Do	Schwimmen (verschiedene Stilarten, wenigstens 30 Min. am Stück)
Fr	–
Sa	60 Min. (Warm-up; 30 Min. Powerwalking, 85 % der HFmax, Ausgehen)
So	2 – 3 Stunden Radtour (65 – 70 % der HFmax)
Mo	–
Di	40 Min. lockeres Walking (70 – 80 % der HFmax)
Mi	–
Do	Fitnesscenter: Spinning oder Rudermaschine (mindestens 30 Min.)
Fr	–
Sa	60 Min. Tempowechsel (Fahrtspiel / Hillwalking, 70 – 85 % der HFmax)
So	90 Min. lockeres Walking (65 – 75 % der HFmax)

Acht-Wochen-Programm für Laufeinsteiger

Woche	Trainingsprogramm*		Laufminuten
1. Woche	9 x 2 Minuten Laufen	dazwischen jeweils 1 Minute Gehpause	18
2. Woche	7 x 3 Minuten Laufen	dazwischen jeweils 1 Minute Gehen	21
3. Woche	6 x 4 Minuten Laufen	dazwischen jeweils 1 Minute Gehen	24
4. Woche	5 x 5 Minuten Laufen	dazwischen jeweils 1 Minute Gehen	25
5. Woche	4 x 7 Minuten Laufen	dazwischen jeweils 1 Minute Gehen	28
6. Woche	3 x 10 Minuten Laufen	dazwischen jeweils 2 Minuten Gehen	30
7. Woche	2 x 15 Minuten Laufen	dazwischen jeweils 2 Minuten Gehen	30
8. Woche	30 Minuten Laufen	Laufen ohne Gehpause, Ziel erreicht	30

* Training drei- bis viermal pro Woche, Laufen bei 70 bis 80 Prozent des Maximalpulses

Wenn Sie den Einstieg zum Laufen geschafft haben, möchten Sie sich bestimmt bald weiter steigern. Mehr dazu erfahren Sie in Herbert Steffnys und Ulrich Pramanns »Perfektes Lauftraining« (siehe »Literatur«, Seite 126).

Vom Walker zum Jogger

Nicht wenige werden nach einigen Wochen oder Monaten feststellen, dass Walking nicht mehr ausreicht, um die vorgegebenen Pulswerte einzuhalten. Sie sind bereits deutlich fitter geworden. Die nächste Steigerung könnte Laufen sein. Nach wochen- oder monatelangem Walking wird Ihnen der Umstieg in Etappen wahrscheinlich nicht einmal schwer fallen. Wenn Sie gleich mit Jogging angefangen hätten, wäre das Verletzungsrisiko allerdings erheblich größer gewesen. Es gibt jedoch keine zwangsläufige Abfolge vom Walking zum Jogging. Für die Mehrheit der gesundheits- oder fitnessbewussten Menschen ohne Leistungssportambitionen reichen flottes Gehen oder Nordic Walking vollkommen aus.

Mit dem Acht-Wochen-Programm für Laufeinsteiger lernen Sie, gezielt und ohne Leistungsstress durch die stetige Verringerung der Gehpausen bei dreimal wöchentlichem Training 30 Minuten am Stück zu laufen. Die Laufbelastung liegt bei 70 bis 80 Prozent der HFmax. Dabei wird das Lauftraining durch immer weniger und kürzer werdende flotte Walkingpausen unterbrochen. Die gesamte Trainingsdauer inklusive Walkingpause beträgt jeweils rund eine halbe Stunde, dabei nimmt der Laufanteil von Woche zu Woche stetig zu. Zum Abschluss folgt das Dehnungsprogramm.

Der Walkingtest

Der Zwei-Kilometer-Walkingtest wurde in Finnland erstellt und von Professor Klaus Bös in Deutschland modifiziert. Er ist ein einfaches und bezüglich der Ausdauer (d.h. der maximalen Sauerstoffaufnahme) für Freizeitsportler aussagekräftiges Verfahren.

Bisher untrainierte (Wieder-)Einsteiger über 35 Jahre sollten den Walkingtest erst nach einer ärztlichen Untersuchung durchführen. Da es dabei zu einer hohen Belastung kommt, sollten auch jüngere Menschen absolut gesund sein (ohne Herz-Kreislauf-Probleme, akute Infektionen und orthopädische Beschwerden).

Man benötigt eine genau abgemessene, flache, zwei Kilometer lange Strecke, am besten in einem Stadion mit 400-Meter-Bahn (fünf Runden). Vermeiden Sie es, bei zu warmem Wetter oder mit vollem Magen zu starten.

Versuchen Sie, die Strecke so schnell wie möglich gehend (das bedeutet, dass ein Fuß immer Bodenkontakt hat) zurückzulegen. Es ist wichtig, dass Sie sich auch wirklich anstrengen. Der optimale Pulswert sollte zwischen 85 und 95 Prozent des Maximalpulses liegen. Den Maximalpuls können Sie, wie erwähnt, grob nach der Formel 220 minus Lebensalter ermitteln. Ein 40-Jähriger sollte den Walkingtest also etwa in dem Bereich zwischen 153 und 171 Schlägen pro Minute absolvieren (180 x 0,85 bis 0,95). Vielleicht weicht Ihr Maximalpuls aber auch individuell von der Standardformel ab und liegt höher oder niedriger. Vergleichen Sie zum Schluss Ihre Zeit in Minuten und Sekunden mit den Tabellenwerten.

Beginnen Sie den Walkingtest nicht zu schnell. Zuvor sollten Sie sich auf jeden Fall ein wenig aufwärmen.

Auswertung Zwei-Kilometer-Walkingtest

	Alter / Männer					Bewertung	Ihr Testwert
20	30	40	50	60	70		(min:sek)
<13:45	<14:15	<14:45	<15:15	<15:45	<16:45	Über dem Durchschnitt	
13:45 bis 15:15	14:15 bis 15:45	14:45 bis 16:15	15:15 bis 16:45	15:45 bis 17:15	16:45 bis 18:15	Durchschnittlich	
>15:15	>15:45	>16:15	>16:45	>17:15	>18:15	Unter dem Durchschnitt	
	Alter / Frauen					Bewertung	Ihr Testwert
20	30	40	50	60	70		(min:sek)
<15:45	<16:00	<16:15	<16:30	<16:45	<17:15	Über dem Durchschnitt	
15:45 bis 17:15	16:00 bis 17:30	16:15 bis 17:45	16:30 bis 18:00	16:45 bis 18:15	17:15 bis 18:45	Durchschnittlich	
>17:15	>17:30	>17:45	>18:00	>18:15	>18:45	Unter dem Durchschnitt	

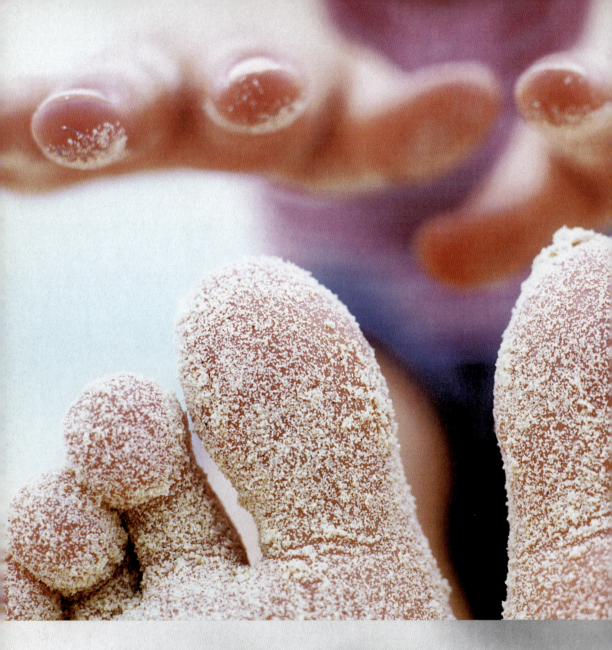

Das A und O eines effektiven und risikoarmen Trainings sind Kräftigungs- und Dehnübungen. Nur wer die Muskulatur gut auf die Belastung vorbereitet, kann ihr auch Höchstleistungen abverlangen.

Wichtige Grundregeln

> **Geduldsübung**
>
> **Vergessen Sie nicht: Ihr Körper ist Ihr Kapital. Trainieren Sie mit dem Körper statt gegen ihn. Sie müssen sich schon fordern, aber auf keinen Fall überfordern. Unser Kopf erwartet oft schneller Ergebnisse, als Muskeln, Sehnen und Gelenke sich anpassen können. Haben Sie Geduld.**

Sagen wir es gleich deutlich: Walking ist eine der am wenigsten verletzungsanfälligen Sportarten überhaupt. Selbst Jogging hat im Vergleich zum Fußball fast zehnmal weniger Unfälle und Verletzungen.

83 Prozent aller Unfälle beim Laufen passieren übrigens Männern. Wenn Sie Ihr Training vorausschauend und geduldig planen und die am meisten verbreiteten Trainingsfehler vermeiden, können Sie lebenslänglich mit Spaß und ohne Risiko walken. Viele Verletzungen oder Probleme entspringen gerade zu Beginn der eigenen Unvernunft und falschem Ehrgeiz. Es sind nicht immer nur Pech oder Schicksal, wenn etwas schief geht.

Training mit Aufbau statt Raubbau

Kennen Sie die Echternacher Springprozession? Nein? Im luxemburgischen Städtchen Echternach gibt es einen Festumzug, bei dem die Beteiligten zunächst drei Schritte vorspringen und anschließend wieder zwei zurück. Langsam, aber sicher kommt man voran!

Steigern Sie die Intensität und den Umfang des Trainings niemals abrupt. Lassen Sie Ihrem Körper Zeit, sich an ein neues Belastungsniveau zu gewöhnen. Noch einmal: Wenn Sie jahrzehntelang keinen Sport getrieben haben, können Sie nach zwei Wochen auch keine Wunder erwarten. Aber auch ein stets überforderter Körper kann sich nicht anpassen. Von nichts kommt nichts, aber von zu viel auch nicht!

Hüten Sie sich vor Übermotivation. Nach einem intensiven, langen, guten oder schlechten Training braucht der Körper erst einmal eine Verschnaufpause. Versuchen Sie, dafür ein Gefühl zu entwickeln. Sie können durch rechtzeitiges Reagieren auf die ersten Alarmsignale einer Überlastung (Verspannungen und Abgeschlagenheit, Schmerzen an der Knochenhaut am Schienbein, Schmerzen an der Achillessehne oder am Knie) langwierige Überlastungsschäden verhindern.

Zu häufiges oder zu intensives Training sind der häufigste Fehler. Je härter Sie trainieren, desto stärker belasten Sie den Bewegungsapparat. Insbesondere gilt dies für Einsteiger und Übergewichtige. Außerdem verlängern Sie die notwendigen Erholungszeiten erheblich. Sie betreiben Raubbau am, nicht Aufbau des Körpers!

So schön das Walking im Wald auch sein kann: Steine, Wurzeln und andere Unebenheiten bergen ein erhöhtes Verletzungsrisiko!

Vorsicht auf unebenem Untergrund

Für Ihre Fitness und Ihre Knochen ist es effektiver, locker und unverkrampft zu walken. Die Rolle des richtig gewählten Schuhwerks zur Vermeidung orthopädischer Probleme wurde bereits erwähnt. Fehlbelastungen können aber auch durch den Untergrund, auf dem Sie trainieren, verursacht werden. Wenn Sie beispielsweise zu oft im Schnee, auf lockerem Sandboden oder ständig auf unebenen »Wurzelpfaden« gehen, riskieren Sie, durch den unebenen Untergrund Probleme mit den Gelenken oder mit den Achillessehnen zu bekommen.

Gelegentlich können Sie das ruhig tun, aber orthopädisch am besten ist ebener und fester Naturboden oder sogar Asphalt. Bergab prallen Sie bei jedem Schritt mit einem Mehrfachen Ihres Körpergewichts auf den Boden. Bergan ist man langsamer und »fällt« nicht so tief. Hillwalking ist zwar anstrengend, aber ein sehr gutes Kraftausdauertraining. Es ist orthopädisch schonend und daher empfehlenswert. Bergab sollten Sie jedoch entsprechend langsamer und mit kleineren Schritten walken.

Warm-up und Cool-down

Jedes Training ist nur so gut, wie es vor- und nachbereitet wird. Gehen Sie sich zu Beginn erst einmal einige Minuten warm, um den Stoffwechsel langsam anzukurbeln. Die Muskulatur ist anfangs weniger durchblutet und steif und daher bei sofortiger hoher Belastung sehr anfällig.

Ebenso sollten Sie gegen Ende des Trainings das Tempo drosseln und ausgehen. Viele verausgaben sich kurz vor dem Ziel noch einmal völlig und bleiben dann erschöpft stehen. In diesem Fall werden aber auch die Abfallprodukte des Muskelstoffwechsels nicht abgebaut, und am nächsten Tag sind Sie verspannter. Wenn Sie eine Temposteigerung in das Training einbauen möchten, dann tun Sie das, wenn Sie schon warm sind und noch etwas ausgehen können. Zu einer übergreifenden Trainingsvor- und -nachbereitung gehören natürlich auch eine gezielte Ernährung und Gymnastik.

Muten Sie Ihrem Körper nicht zu, was Sie dem Motor Ihres Autos auch nicht zumuten würden: einen »Kaltstart« mit Vollgas.

Entspannen mit Wannenbad, Sauna und Massage

Eine Massage oder ein gelegentliches warmes Wannenbad tragen zur Entspannung bei und fördern die Durchblutung, können aber ein Cool-down, also ruhiges Ausgehen und Dehnungsübungen, gegen Ende des Trainings nicht ersetzen. Anregend wirkt auch ein kaltes Abduschen der Beine im Wechsel mit einem Saunabad. Beim Saunagang wirken die Entspannungsphasen beruhigend auf Muskeln und Seele. Mit dem Schweiß verlieren Sie sogar Umweltgifte, aber auch Wasser und Mineralstoffe. Trinken Sie deshalb reichlich elektrolytreiches Mineralwasser. Eine schnelle Erholung nach einer Belastung erreicht man mit Schwimmen, insbesondere bei Bewegungsbädern im Thermalbad. Entspannend wirken natürlich bei umfangreicherem Training auch ein Mittagsschläfchen oder etwas mehr Nachtruhe.

Die richtige Gymnastik

Haben Sie einen verspannten Nacken oder einen verspannten Rücken? Tut Ihnen die Beinmuskulatur weh? Der Urmensch war nicht nur Walker und Jogger – er war vielseitiger. Ganzkörpertraining und Fitness waren für ihn eine Notwendigkeit. Er musste nicht nur gehen und laufen, sondern auch Lasten tragen, klettern, schwimmen, springen, werfen und kämpfen. Walking alleine ist zu einseitig. Ergänzen Sie daher Ihr Ausdauerprogramm mit Gymnastikübungen, die unterforderte Muskeln kräftigen und verkürzte oder verspannte Muskeln dehnen.

So vermeiden Sie muskuläre Dysbalancen

Walking kann nicht alles. Es trainiert Ihre Bauchmuskeln beispielsweise nur wenig. Sie müssen durch separate Kräftigungsübungen gestärkt werden. Im Training geforderte Beinmuskeln

Unverzichtbares Vor- und Nachprogramm bei Laufen und Walking: Dehnübungen.

hingegen wie beispielsweise die Waden können verspannt sein und müssen durch Dehnungsübungen nach dem Training wieder gelockert werden.

Manche Muskeln in Ihrem Körper bereiten aber auch Probleme, obwohl sie kaum benutzt werden. Beinmuskeln, Hüftbeuger und Nackenmuskulatur neigen zum unangenehmen Verspannen und Verkürzen. Warum schwächen manche Muskeln ab und werden schlapp, während andere vom Nichtstun verkürzen?

Tonische und phasische Muskeln
(verändert nach SPRING, H. et al. 1988)

	Tonisch	Phasisch
Funktion	Haltung	Bewegung
Ermüdung	Spät	Früh
Fasertyp	ST-Fasern	FT-Fasern
Kontraktion	Langsam 90ms	Schnell 40ms
Stoffwechsel	V. a. aerob	V. a. anaerob
Fehlbelastung	Verkürzung	Abschwächung

Häufige Probleme im Rumpfbereich:
Phasische abgeschwächte Muskulatur
Tonische verkürzte Muskulatur

Ihre Muskeln sind nicht alle gleich. Man kann sie zwei Grundtypen zuordnen: der Gruppe der tonischen und der Gruppe der phasischen Muskeln. Durch einseitig betriebene Tätigkeiten im Beruf, durch Fehlhaltungen oder zu häufiges Sitzen, aber auch beim Sport können tonische Muskeln verkürzen. Phasische neigen hingegen zum Schwächerwerden. Ist ein Muskel verkürzt und sein Gegenspieler (Antagonist) für eine Bewegung verkümmert, kommt es zu einem Ungleichgewicht (Dysbalance), das zu schmerzhaften Problemen wie z. B. Rückenschmerzen führen kann.

Kraft- und Dehnungsübungen

Ein sinnvolles Gymnastikprogramm beseitigt diese Dysbalancen. Es besteht aus Kraftübungen für phasische Muskeln wie die Bauchmuskulatur und Dehnungsübungen (Stretching) für tonische Bein- und Brustmuskeln. Die Folgen dieser Dysbalancen sind nicht nur Rückenprobleme, sondern auch Fehlhaltungen, die man am Walkingstil leicht ablesen kann. Eine verspannte Nacken- und Brustmuskulatur sowie zu schwache Muskeln zwischen den Schulterblättern führen zu Rundrücken und nach vorne gezogenen Schultern. In diesem Fall führen Sie die Arme nach innen vor den Körper, anstatt sie locker nach vorne pendeln zu lassen. Zudem sind Sie leicht nach vorne übergebeugt und können im Vergleich zur aufrechten Haltung nicht so frei atmen.

Durch das Kräftigen des oberen Rückens und das Dehnen der Brustmuskulatur kann man eine solche Fehlhaltung korrigieren. Die Bewegungen werden anschließend wieder unverkrampfter und ökonomischer. Eine starke Rumpfmuskulatur entlastet die Wirbelsäule beim Abfedern des beim flotten Gehen aufzufangenden Körpergewichts.

Leider gibt es immer noch viele, die lieber zehn Minuten länger walken, anstatt in dieser Zeit Gymnastik zu treiben. Für hartgesottene Machos ist Stretching »Weiberkram«. Ein paar Jahre geht das vielleicht auch gut, aber dann beginnen die Zipperlein. Für Dehnungs- und Kräftigungsübungen gibt es viele gute Gründe:

▶ Verspannungen in der beanspruchten Muskulatur werden abgebaut.
▶ Fehlhaltungen werden beseitigt.
▶ Die Durchblutung wird gefördert.
▶ Die Regeneration wird beschleunigt.
▶ Die Beweglichkeit wird verbessert.
▶ Der Walkingstil wird optimiert und die Verletzungsanfälligkeit verringert.
▶ Durch den Muskelzuwachs wird der Grundstoffwechsel erhöht.

Beim Dehnen nicht ruckartig wippen!

Dehnen Sie am besten, wenn die Muskulatur nach dem Walking noch etwas warm ist. Wenn Sie kalt dehnen, gehen Sie ein höheres Verletzungsrisiko ein. Sie können auch vor dem Training dehnen, aber hinterher ist es noch wichtiger, die verspannten Muskeln zu lockern.

Die frühmorgendliche »Hauruck-Gymnastik« ist out. Wer beim Dehnen stark wippt, löst nur eine reflektorische Anspannung der betroffenen Muskulatur aus. Man erreicht also genau das Gegenteil. Zudem kann der Muskel oder ein Gelenk verletzt werden. Die Muskelspindeln, Sinneskörper zur Spannungsmessung, melden den Zustand des Muskels zum Rückenmark. Ruckartige Bewegungen führen als Schutzmechanismus zur Gegenkontraktion (Dehnreflex). Bei starkem Muskelkater sollte man nur sehr vorsichtig dehnen. Hier wären ein Wannenbad, ein leichter Spaziergang oder Schwimmen sinnvoller.

Haben Sie Geduld

Vergleichen Sie Ihre Elastizität nicht mit der eines Tänzers oder einer Tänzerin. Vielleicht sind Sie zu Beginn noch ausgesprochen steif in der Muskulatur. Aber mit geduldigem Bemühen können Sie schon nach einigen Wochen regelmäßiger Gymnastik gute Fortschritte erzielen.

Sie sollten langsam in die Dehnung hineingleiten und nur so weit stretchen, bis Sie ein deutliches Ziehen, keinesfalls aber Schmerzen verspüren. Sie kontrollieren damit Ihr Training individuell. Dehnen Sie ohne zu wippen ca. 15 bis 20 Sekunden. Wiederholen Sie jede Übung dreimal für beide Seiten, bevor Sie zur nächsten übergehen. Dehnen Sie Ihre »Problemstellen« häufiger. Achten Sie immer auf eine saubere Durchführung, und atmen Sie ruhig. Gymnastik fördert auch das Balancegefühl und hilft nicht nur gegen Verspannungen nach dem Sport, sondern auch nach langem Sitzen im Büro oder im Auto. Die im Folgenden dargestellten zwölf Übungen kann man praktisch überall durchführen. Das Grundprogramm lässt sich nach Ihren speziellen Anforderungen erweitern. Die Kräftigungsübungen sollten Sie jeden zweiten Tag durchführen. Dabei machen Sie mehrere Wiederholungen jeweils bis zur subjektiven Übermüdung (Übersäuerung) der betreffenden Muskulatur.

Dehnungsübungen

Oberflächlicher Wadenmuskel und Achillessehne *(Musculus gastrocnemius)*

Mit den Händen an einem Baum, einer Wand oder dergleichen abstützen, ein Bein gestreckt weit nach hinten schieben, dabei die Ferse flach aufsetzen, Körper gerade halten (siehe Abbildung 1). Sehr wichtig zur Vermeidung von Achillessehnenbeschwerden.

Tiefer Wadenmuskel und Achillessehne *(Musculus soleus)*

Das zu dehnende Bein nach hinten setzen, leicht in die Hocke gehen, Ferse bleibt flach aufgesetzt (siehe Abbildung 2). Auch wichtig zur Vermeidung von Achillessehnenbeschwerden.

Rückseitige Oberschenkelmuskulatur *(Ischiocrurale Muskeln)*

Ferse auf eine nicht zu hohe Auflage setzen, Knie leicht beugen und Oberkörper mit geradem Rücken nach vorne beugen, um die Bandscheiben nicht zu sehr zu belasten (siehe Abbildung 3). Tipp: Durch Ändern des Kniewinkels erreichen Sie tiefere oder höhere Anteile der Muskelgruppe. Verspannungen und Verhärtungen in diesem Bereich können nicht selten zum Muskelfaserriss oder zu einer Zerrung führen!

Vorderseitige Oberschenkelmuskulatur *(Musculus quadriceps)*

Im Stand ein Bein anwinkeln, am Fußgelenk umfassen und zum Gesäß ziehen, dabei Hohlkreuz durch Anspannen der Gesäß- und Bauchmuskulatur vermeiden (siehe Abbildung 4). Bein bei der Übung nicht seitlich ziehen, gerade stehen. Die Übung schult auch das Balancegefühl.

Innenseite der Oberschenkel, Schenkelanzieher *(Adduktorenmuskeln)*

Bei dieser Übung vorsichtig aus dem Stand in die Grätsche gleiten, Hohlkreuz durch Anspannen der Rumpfmuskulatur vermeiden, nach 20 Sekunden nach vorne (Bild 5 rechts) beugen und mit den Händen abstützen, um andere Anteile der Adduktorengruppe zu dehnen.

Hüftbeugermuskel *(Musculus iliopsoas)*

In den Ausfallschritt gehen, hinteres Bein gestreckt zurückschieben, dabei nicht seitlich drehen. Der vordere Unterschenkel steht senkrecht zum

Boden, der Oberkörper bleibt aufrecht (siehe Abbildung 6). Der Hüftbeugermuskel ist oft stark verkürzt, was zu Rückenbeschwerden führen kann.

Gesäßmuskulatur *(vor allem Musculus glutaeus maximus, Musculus piriformis)*

In Rückenlage ein Bein anwinkeln, am Fußgelenk ergreifen und seitlich zur gegenüberliegenden Schulter ziehen. Das Knie sollte im rechten Winkel, das andere Bein sollte gestreckt bleiben. Das Becken liegt flach auf (siehe Abbildung 7). Ein verhärteter Musculus piriformis kann den unter ihm verlaufenden Ischiasnerv teilweise abklemmen (»Pseudoischias«).

Brustmuskulatur
(vor allem Musculus pectoralis major)

An Baum, Laternenmast oder Türrahmen mit gewinkeltem Arm anlehnen (siehe Abbildung 8), einen Schritt vorgehen, Brust nach vorne schieben. Diese Übung dehnt die durch häufige Arbeit im Sitzen verkürzten Brustmuskeln und verbessert die Armhaltung beim Walking und Laufen in Ergänzung zur nächsten Übung.

Kräftigungsübungen

Rückenmuskulatur

Aus dem »Vierfüßlerstand« diagonal linken Arm und rechtes Bein in die Waagerechte anheben (siehe Abbildung 9) und bis zur Ermüdung halten, dabei das Becken nicht hoch drehen, Hohlkreuz vermeiden; einige Wiederholungen für beide Seiten.

Schulterblattmuskeln, oberer Rücken

Eine Fußlänge entfernt an einer Wand stehen. Angelehnten Körper mit den im rechten Winkel abstehenden Ellbogen von der Wand abdrücken. Arme dabei nicht absinken lassen (siehe Abbildung 10). Verbessert Armhaltung beim Walking (siehe auch vorige Übung) und aufrechte Oberkörperhaltung.

Bauchmuskulatur

In Rückenlage Beine anwinkeln und entspannen, nur die Schultern von der Unterlage abheben und halten, die

Den Walkingstil verbessern

Lendenwirbelsäule bleibt flach am Boden. Einige Wiederholungen jeweils bis zur Ermüdungsgrenze ausführen (siehe Abbildung 11). Ein regelmäßiges Bauchmuskeltraining stabilisiert die Beckenhaltung und hilft bei zu schwacher Zwerchfellmuskulatur gegen Seitenstechen.

Seitliche Rumpfmuskulatur

In gestreckter Körperhaltung Hüfte anheben und in den Seitstütz gehen, Position eine Weile halten (siehe Abbildung 12 oben); bei schlechterem Trainingszustand zur Vereinfachung der Übung das obere Bein vorsetzen (siehe Abbildung 12 unten). Einige Wiederholungen für beide Seiten ausführen.

Beschwerden vermeiden

Seitenstechen und Muskelkater

Seitenstechen kann verschiedene Ursachen haben: Vielleicht haben Sie zu viel, etwas Falsches oder zu spät vor dem Training gegessen und getrunken? Oder vielleicht waren stark blähende Lebensmittel darunter? Möglicherweise ist auch das Zwerchfell mangels Bauchmuskeltraining vorzeitig ermüdet, oder Sie sind zu schnell losgelaufen. Das zieht ruckartig Blut aus der Milz oder führt zu einem starken Blutfluss zur Leber, die sich daraufhin überdehnt. Wenn Seitenstechen auftritt, sollten Sie auf jeden Fall langsamer laufen. Manchmal hilft es auch, den Bauch an der schmerzenden Stelle zu pressen.

Muskelkater bekommen selbst Profis bei neuartigen, für die Muskulatur ungewohnten Belastungen wie z. B. bergab walken. Starker Muskelkater ist ein Zeichen von zu hartem Training oder ungenügender Vorbereitung. Leichter Muskelkater dagegen ist eine unangenehme Begleiterscheinung des Anpassungsprozesses an eine neue Anforderung. Er tritt meist ein bis zwei Tage nach intensiven Trainingseinheiten auf. In den Muskeln sind feinste Fasern beschädigt worden. Diese Mikrotraumata erfordern zum verbesserten Faseraufbau einige Tage Zeit, in denen Sie zur aktiven Erholung betont langsam trainieren sollten.

Umweltbelastungen

Ozonalarm – Sportverbot? Ozon ist ein farbloses Reizgas, das bekannteste der aggressiven Photooxidanzien.

An sonnigen und heißen Sommertagen werden mittags immer häufiger Ozonwerte von über 180 Mikrogramm pro Kubikmeter Luft erreicht, was Atmung und Leistungsfähigkeit messbar beeinträchtigt.

Allerdings sind wir an diesen Werten nicht unschuldig, da wir mit den Auspuffgasen unserer Autos toxisches Kohlenmonoxid, Ruß, Krebs erregende Kohlenwasserstoffe und Stickoxide produzieren, die die Vorläufersubstanzen für den gefährlichen Sommersmog bilden. So gesehen sind wir unsere eigenen Versuchskaninchen in einem noch weitgehend unerforschten Chemiecocktail.

An Sommersmogtagen kommt natürlich auch noch die Hitze hinzu, die zudem dafür verantwortlich ist, dass man sich ausgelaugt und schlapp fühlt. Sicherlich ist ein leistungsfähiger, ausdauertrainierter Mensch resistenter gegen Hitze und vielleicht auch gegen Umweltbelastungen. Dennoch sollte man an Tagen mit hohen Ozonwerten morgens oder abends kürzer und langsamer trainieren.

In Stadtgebieten wird Ozon abends über Stickoxide teilweise wieder abgebaut. Reinluftgebieten fehlen diese Stickoxide weitgehend, die Ozonwerte bleiben dort somit auch über Nacht hoch! Dafür ist aber auch der Anteil an Kohlenwasserstoffen, Ruß und Kohlenmonoxid geringer.

Tipps gegen Hitzestress

Sommer, Sonne, Schwüle, Hitze. Walking in der heißen Jahreszeit, im Urlaub, im Süden auf der Strandpromenade, insbesondere in den Tropen, erfordert einige Vorsichtsmaßnahmen. Da schon die Bewegung an sich warm macht, sollten Sie unbedingt auf eine ausreichende Kühlung achten. Die Körpertemperatur wird z. B. durch die Verdunstung von Schweiß gesenkt.
▶ Trinken Sie schon morgens und auch tagsüber Saftschorle, Mineralwasser, Gemüsesäfte oder Früchtetees.
▶ Beginnen Sie das Training immer gut hydriert.
▶ Reduzieren Sie harntreibende Getränke wie z. B. Kaffee und Alkohol.

Das Wetter gilt als faule Ausrede zwar nicht, aber bei großer Hitze sollten Sie das Training etwas langsamer angehen lassen.

BILD LINKS: *Bei strömendem Regen zu trainieren, erfordert schon etwas Durchhaltevermögen. Die richtige Kleidung hilft der Motivation auf die Sprünge.*
BILD RECHTS: *Wenn im Winter einmal gar nichts mehr läuft, gibt es immer noch das Laufband im Fitnessstudio, damit die Kondition nicht einbricht.*

Wer ausdauertrainiert ist, wird hitze- und kälteresistenter werden und weniger unter Wetterfühligkeit leiden.

▶ Ernähren Sie sich mineralstoffreich und fettarm von Müsli, Vollkornprodukten, (Trocken-)Obst, Gemüse, Eintopf, Mineralwasser.
▶ Nehmen Sie sich »Trinkgeld« für unterwegs mit, oder deponieren Sie eine Flasche im Auto oder versteckt an der Strecke.
▶ Reiben Sie sich den Schritt und unter den Armen mit Vaseline ein, um Wundscheuern (Wolf) zu vermeiden.
▶ Walken Sie auf schattigen Trainingsstrecken am frühen Morgen oder späten Abend.
▶ Trainieren Sie in luftiger, heller Kleidung, und tragen Sie eine Mütze gegen die Sonneneinstrahlung.
▶ Walken Sie langsamer und nach Pulsmessung, da bei Hitze die Belastung höher ist.
▶ Trinken Sie nach dem Training reichlich Mineralwasser und Fruchtsaftschorle, meiden Sie Alkohol.

Tipps gegen den Winterdurchhänger

Schmuddelwetter, Matsch, Glätte, Schnee und Kälte? Bei vielen hören im Winter alle guten Vorsätze auf. Gesundheits- und Fitnesswalker sollten nun darauf achten, dass der Winterspeck nicht allzu umfangreich wird. Mit der richtigen Motivation und gut angezogen, kann Winterwalking ein schönes Naturerlebnis werden.

▶ Walken Sie bei Kälte nicht mit nackten Beinen (Verletzungsrisiko!).
▶ Tragen Sie eine Schirmmütze. Sie wärmt den Kopf und schützt die Augen vor blendenden Autoscheinwerfern und bei Schneetreiben.
▶ Trainieren Sie abends in einem beleuchteten Park unter Straßenlaternen am besten in einer Gruppe.
▶ Walken Sie bei Dunkelheit umsichtiger (Radfahrer ohne Licht, Schlaglöcher, Glatteis!).
▶ Walken Sie bei kaltem Wind im Wald, nicht auf einem offenen Feld.
▶ Wärmen Sie sich im Winter noch sorgfältiger auf.
▶ Gehen Sie gegen den Verkehr in heller, reflektierender Kleidung.
▶ Nehmen Sie immer eine kleine Taschenlampe mit.
▶ Walken Sie bei ganz schlechtem Wetter auf dem Laufband im Studio.

Verletzungsfrei trainieren

- Stehen Sie nach dem Training nicht lange herum, sondern ziehen Sie sich etwas Trockenes an.

Sofortmaßnahmen bei Verletzungen

Sie haben sich trotz aller Vorsicht, trotz der Gymnastik den Fuß verstaucht oder spüren Schmerzen am Knie, an der Achillessehne, an der Schienbeinknochenhaut? Dann haben Sie Pech gehabt. Und dagegen können Sie auch mit »P-E-C-H« angehen.

»P-E-C-H« steht für die Merkregel der Sofortmaßnahmen: »P« für Pause statt Power, »E« für Eis, d.h. möglichst rasche Kühlung, »C« für Compression, d.h. Bandagierung zur weiteren Verhinderung einer Schwellung und »H« für Hochlagern, ebenfalls zur Vermeidung von Schwellungen. Kühlen Sie die gereizte Stelle mit Eiswürfeln in einem Wasserbeutel für zehn Minuten. Eiswürfel oder Coldpacks sollte man im Gefrierschrank immer für alle Fälle bereithalten.

Legen Sie unter Coldpacks immer einen feuchten Lappen auf die Haut. Vorsicht ist auch bei Kältesprays angebracht: Die äußerst niedrigen Temperaturen können Hautverbrennungen hervorrufen. Oft hilft einfaches Abreiben mit normalem Eis oder ein Fußbad in Eiswasser. Beginnen Sie damit schon beim ersten Verdacht einer Überlastung.

Schmerz ist ein natürliches Alarmsignal des Körpers, das nicht »weggespritzt« gehört! Fragen Sie sich daher kritisch, inwiefern Sie falsch trainiert haben. Trainieren Sie mit und nicht gegen Ihren Körper. Sollten die Schmerzen anhalten, so gehen Sie zum Arzt. Leider ist es nicht immer ganz leicht, einen sporterfahrenen Orthopäden zu finden. Erkundigen Sie sich am besten bei Ihrem Walktreff oder in einem Sportfachgeschäft.

Wenn Ihr Körper durch das Walken überlastet ist, können Sie eine Zeit lang auch auf Radfahren oder Schwimmen umsteigen.

Verletzungen von A bis Z

Achillessehnenbeschwerden

▸ URSACHEN
Die Achillessehne ist die Verlängerung der beim Walking sehr wichtigen Wadenmuskulatur. Die Beschwerden in der Sehne oder am Ansatz des Fersenbeins können viele, auch miteinander gekoppelte Ursachen haben:

Muskeln sind gut durchblutet und wachsen beim Training schneller als Sehnen, die mindestens doppelt so lange brauchen, um sich anzupassen. Die Folge sind Sehnenansatzbeschwerden.

- Zu flottes Training
- Zu häufiges oder zu langes Training
- Zu schnell gesteigertes Training
- Unebener Untergrund, auf dem die Füße »hin- und hereiern«
- Zu viel Hillwalking, was die Wadenmuskulatur mehr beansprucht
- Zu wenig Dehnungsübungen
- Orthopädische Fehlstellungen wie z. B. eine Überpronation
- Das Tragen hoher Absätze im Alltag, was eine Verkürzung der Wadenmuskeln fördert
- Zu alte, ausgelatschte oder falsche Trainingsschuhe

▶ **Massnahmen**

Dehnen, Dehnen und nochmals Dehnen der Waden- und Schollenmuskulatur. Trainingsintensität und Umfang verringern. Hillwalking und unebenen Untergrund vorerst meiden. Im akuten Zustand vor dem Training Wärme wie Infrarotbestrahlung oder warmes Wasser anwenden. Nach dem Walking Eisbeutel auf die Sehne und Bein hochlagern. Wechselbäder für das betroffene Bein. Eine Quarkpackung auf der entzündeten Stelle kann ebenfalls Linderung bringen. Entlastung durch Fersenkeilerhöhung im Absatz des Trainingsschuhs. Schuhe überprüfen und eventuell wechseln. Umsteigen auf Schwimmen oder Radfahren, ohne Druck mit dem Vorfuß auf das Pedal.

Blasen

▶ **Ursachen**

Aufgrund von Reibung sammelt sich Gewebeflüssigkeit zwischen der inneren und äußeren Hautschicht.

Bei Laufschuhen tabu: Alte und ausgetretene Schuhe sind »beyond repair«. Sie schaden Sehnen und Gelenken!

▶ **Massnahmen**

Nur bei kleineren Blasen ist Selbstbehandlung möglich: mit einer desinfizierten Nadel hineinstechen, damit die Flüssigkeit ablaufen kann. Danach die Haut desinfizieren und mit sterilem Verband (z. B. »Second Skin«) abdecken. Zur Vorbeugung haben sich eine sorgfältige Fußhygiene und faltenfreie Strümpfe bewährt. Neue Schuhe sollten allmählich eingelaufen, Druckstellen gut eingerieben werden (z. B. mit Hirschtalg, Vaseline).

Kniebeschwerden

▶ **Ursachen**

Kniebeschwerden können viele verschiedene Ursachen haben, die einer sorgfältigen Untersuchung durch einen sporterfahrenen Orthopäden bedürfen. Es können Sehnenansatz- oder Meniskusbeschwerden infrage kommen. Aber auch Entzündungen des Knorpels unter der Kniescheibe sind häufig. Typische Ursachen sind:
- Fehlbewegungen im Fußbereich
- Fehlstellungen wie X- oder O-Beine
- Trainingsüberlastungen
- Flottes Bergabgehen
- Falsches oder altes Schuhwerk
- Verkürzte Oberschenkelmuskeln
- Übergewicht

▶ **Massnahmen**

Training reduzieren, umsteigen auf Radfahren, Schwimmen und andere Ausdauersportarten. Nordic Walking kann bereits eine ausreichende Entlastung bedeuten. Analyse des Fußabrollverhaltens. Training auf ebenem Untergrund. Hochlagern bei Schwellung und Eisbeutel bei äußeren Beschwerden. Dehnen der Oberschenkelmuskulatur. Bei anhaltenden Symptomen zum Orthopäden gehen.

Metatarsalgie (Schmerzen am Mittelfußköpfchen)

▶ **Ursachen**

Fehlstellung eines Metatarsalknochens, der dadurch höherer Druckbelastung ausgesetzt ist. Der Schmerz im Bereich der Mittelfußknochen fühlt sich an, als hätte man ein Steinchen im Schuh.

▶ **Massnahmen**

Den Druck auf die verletzte Stelle reduzieren, entweder durch ein Ballenkissen oder ein in die Einlegesohle geschnittenes Loch. Gute Laufschuhe und Einlegesohlen empfehlen sich zur Vorbeugung.

Muskelkrämpfe, Muskelzerrung, Muskelfaserriss

▶ **Ursachen**

Überforderung des betroffenen Beinmuskels bei ausgedehntem und intensivem Training. Der Muskel ist an seiner Leistungsgrenze angelangt, hinzu kommt Flüssigkeits- oder Mineralstoffmangel bei heißem Wetter oder schlechter Ernährung. Möglicherweise

Ihre Füße bekommen am meisten ab. Zu lange Nägel, zu enge Schuhe, heißes Wetter und falsche Socken verursachen blaue Zehennägel oder Blasen. Verwöhnen Sie die Stressgeplagten mit Fußpflege, Wechselbädern und Massagen.

war der Muskel schon vorher verspannt, verkürzt oder verhärtet. Nächtliche Wadenkrämpfe sind ein Zeichen von Dehydratation (Austrocknung) und Magnesiummangel. Bei schmerzhaften Muskelzerrungen oder einem Muskelfaserriss sind die Muskelzellen selbst beschädigt worden.

▶ **Massnahmen**

Beim akuten Krampf hilft nur die sofortige Dehnung des Muskels. Zur Prävention eignen sich Stretchingübungen für die anfälligen Bereiche. Achten Sie insbesondere bei großer Hitze frühzeitig auf eine ausreichende Flüssigkeitsaufnahme. Essen Sie vollwertig und mineralstoffreich. Bei Faserriss und Zerrung Eisbeutel auflegen, Kompressionsverband anlegen und hochlagern. Eventuell ist eine mehrwöchige Pause notwendig; steigen Sie auf Schwimmen oder Radfahren um. In Abstimmung mit dem Arzt entzündungshemmende Mittel einnehmen. Seien Sie vorsichtig mit Dehnungsübungen, und stretchen Sie nie in Schmerzen hinein. Oft ist die verletzte Muskulatur zu schwach und muss zur Vorbeugung gedehnt und gekräftigt werden.

Rückenbeschwerden, »Ischias« und Pseudoischias

▶ **Ursachen**

Schmerzhafte Reizung des Ischiasnervs im Rücken oder in der Gesäßmuskulatur durch anatomische Fehlstellungen, meist aber durch muskuläre Dysbalancen. Bewegungsmangel und einseitige Fehlhaltungen bei der Arbeit und in der Freizeit. Sitzmarathons führen zu verspannter und verkürzter Beinmuskulatur und Abschwächung der Bauchmuskeln. Es kann zu einer Beckenkippung mit Hohlkreuz kommen. Der Ischiasnerv kann aber auch im Gesäß durch den Musculus piriformis mehr oder weniger abgeklemmt sein, was zu Verspannungen, Koordinationsstörungen, Taubheit und ausstrahlenden Schmerzen bis in den Fuß führen kann.

▶ **Massnahmen**

Bewegungsmangel wird durch Walking vorgebeugt. Ergänzen Sie das Walkingprogramm unbedingt mit Kräftigungsübungen für die Rumpfmuskulatur, insbesondere für den Bauch, und dehnen Sie die Hüftbeuger und die rückwärtigen Bein- und seitlichen Gesäßmuskeln (siehe Gymnastikprogramm Seite 89ff.). Achten Sie auf eine bessere Sitzhaltung. In ernsthafteren Fällen sollten Sie unbedingt zum Krankengymnasten und Orthopäden gehen.

Schienbein- und Knochenhautreizung

▶ **Ursachen**

Gerade zu Beginn spüren viele Einsteiger einen unangenehm stechenden

Wer regelmäßig die Beinmuskeln dehnt und die Rumpfmuskulatur kräftigt, wird nicht nur lockerer walken, sondern auch weniger mit Rückenbeschwerden zu kämpfen haben.

Schmerz auf der Vorderseite und leicht seitlich am Schienbein. Das ist eine typische Überlastung, die durch Überforderung der Fußhebermuskulatur zustande kommt. Beim Walking heben Sie ungewohnt den Vorfuß höher als sonst. Eine weitere Ursache kann ein Verdrehen von Schien- und Wadenbein infolge einer starken Einwärtskippung (Überpronation) der Füße sein.

▶ **Massnahmen**

Pausieren, umsteigen auf Radfahren, Schwimmen und andere Ausdauersportarten. Eisbeutel auf die gereizten Stellen. Analyse des Fußabrollverhaltens. Stärkung der Fußhebermuskulatur: Schieben Sie den Vorfuß unter einen Teppich, und heben Sie diesen leicht an. Dehnen der Fußheber: Biegen Sie im Stand oder im Sitzen die Fußspitzen nach unten um, drücken Sie sie gegen den Boden, und verharren Sie eine Zeit lang in dieser Position.

Verstauchung im Fußgelenk

▶ **Ursachen**

Unebener Untergrund, Bordsteinkanten oder Unachtsamkeit beim Training, überbewegliche Gelenke. Beim schmerzhaften Umtreten des Fußes können die Bänder überdehnt oder angerissen sein oder sogar abreißen und sich entzünden. Verstauchungen gehen meist mit einem starken Bluterguss und einer Schwellung des Fußgelenks einher.

▶ **Massnahmen**

Ziehen Sie Ihren Trainingsschuh nicht aus, um nachzusehen. Die Schwellung kann so heftig sein, dass Sie hinterher nicht mehr in den Schuh hineinkommen. Lagern Sie den Fuß zu Hause so bald wie möglich hoch, und legen Sie mehrmals am Tag Eisbeutel auf die schmerzende Stelle. Eine weitere Schwellung verhindert auch eine Kompressionsbandage. Die Trainingspause hängt vom Grad der Bänderüberdehnung, von einem An- oder Abriss ab und bedarf im Zweifelsfall einer Klärung durch den sporterfahrenen Orthopäden. Zu schnell wird hier manchmal zur Operation geraten. Radfahren kommt als Ausweichtraining am ehesten infrage. Sollten Sie öfter zum Umknicken neigen, sollten Sie festere Schuhe mit höherem Schaft auswählen und Asphalt bevorzugen.

Wolf (Wundscheuern)

▶ **Ursachen**

Reibung der Haut durch Schweißsalzkristalle an den Oberschenkelinnenseiten, Brustwarzen, unter dem Arm.

▶ **Massnahmen**

Aufgeriebene Stellen mit Vaseline oder Talkum behandeln, einen Verband darüber legen. Ist die Laufbekleidung zu eng, sind die Nähte schuld? Empfehlenswert: Tights aus Kunstfasern. Vorher die empfindlichen Stellen mit Vaseline eincremen oder abpflastern.

> Wer Achillessehnenprobleme oder sich den Fuß verstaucht hat, sollte zunächst auf glattem Asphalt walken. Das ist für das Fußgelenk stabiler und in gut dämpfenden Schuhen kein Problem.

Die Leistung, die der Körper erbringt, muss ihm vorher in Form von Energie zugeführt worden sein. Wer diese einfache Rechnung beherzigt, wird erfolgreich und effektiv trainieren können.

So erreichen Sie Ihr Idealgewicht

Gesundheit kann man auch essen! Wer richtig fit werden will, muss sich nicht nur bewegen, sondern auch seine Ernährung optimieren. Das gilt noch mehr, wenn Sie Gewicht verlieren möchten. Joschka Fischer formulierte es treffend: »Eine Kerze brennt am schnellsten ab, wenn man sie an beiden Enden gleichzeitig anzündet.«

Das beste und nachhaltigste Rezept zum Abnehmen sind nicht Diäten, sondern regelmäßige Bewegung und vernünftige Ernährungsumstellung. Fitness hört also nicht an der Kühlschranktür auf. Die Folgen einer Fehlernährung sind enorm: Neben Übergewicht sind dies auch die oft damit gekoppelten Zivilisationskrankheiten Arteriosklerose, Bluthochdruck, erhöhte Blutfettwerte, Gicht, Diabetes mellitus und Fettleber.

Über die Hälfte der Erwachsenen ist bei uns bereits übergewichtig, in den USA sind es trotz »Lightfood« und Fitnesskampagnen sogar noch mehr. Dabei ist Übergewicht nur teilweise genetisch bedingt; es ist vor allem auch eine Frage des richtigen Essverhaltens. Die richtige Ernährung hilft im Rahmen des Fitnessprogramms:

▶ Beim Abnehmen die häufigsten Ernährungssünden und Kalorienbomben zu vermeiden
▶ Erkrankungen vorzubeugen
▶ Für Auf- und Umbau des Körpers unentbehrliche Baustoffe zu liefern
▶ Muskeln, Organe und Gehirn mit Energie zu versorgen
▶ Durch ausreichend Zufuhr von Vitaminen, Mineralien und Spurenelementen den Stoffwechsel reibungslos laufen zu lassen
▶ Den Flüssigkeitsbedarf für Alltag und Sport zu sichern
▶ Die sportliche und geistige Leistungsfähigkeit und Stressbelastbarkeit gezielt zu erhöhen
▶ Schneller zu regenerieren
▶ Natürlich weiterhin zu genießen

Der Mensch kann als kleines biologisches Wunderwerk physiologisch ähnlich wie Ratten und Schweine so ziemlich alles verwerten. Die Strafe für schlechte Ernährung bekommt er nicht immer – wie beim Sodbrennen – sofort, sondern oft indirekt und zeitverzögert. Früher oder später leiden wir unter den körperlichen und psychischen Folgen:

▶ Figurprobleme
▶ Abgeschlagenheit
▶ Geringere Leistungsfähigkeit
▶ Mangelerkrankungen

Kostenfaktor

Die Folgen von Übergewicht und Fehlernährung verursachen jährlich Kosten von über 100 Milliarden DM. Die Lösung: eine Ernährungsumstellung und Bewegung durch Ausdauersport.

Literaturtipp: Steffny/Pramann/Doll: »Perfektes Lauftraining – Das Ernährungsprogramm« (Südwest Verlag 2003).

- Geschwächte Abwehrkräfte
- Erkrankungen bis hin zu Darmkrebs oder Fettleber.

Statt die Ursachen für Fehlernährung zu erkennen und zu beseitigen, versuchen viele, sie mit Multivitamin- und Mineraltabletten oder Appetitzüglern auszugleichen. Die Werbung hat garantiert immer eine Wunderpille bereit, die ganz bestimmt hilft. Der Reparaturbetrieb reicht vom Abführmittel bis zum Skalpell – ein Geschäft mit unserer Träg- und Dummheit.

Diätenwirrwarr und Wohlstandsspeck

So geht es nicht weiter! Bei den meisten Diäten tritt der so genannte Jo-Jo-Effekt ein: Hinterher wiegt man genauso viel oder sogar noch mehr als vor der Diät.

Der Mensch hat einen Bedarf von rund 2400 Kilokalorien täglich. Mit durchschnittlich über 3000 Kilokalorien isst er jedoch deutlich mehr, als er braucht. Werden diese überzähligen Kalorien nicht durch Bewegung abgebaut, tragen wir sie als Rettungsring, Wohlstands- oder Kummerspeck mit uns herum. Dieses Fettdepot wird aber, wie bereits erwähnt, nur durch körperliche Aktivität und eine dem Bedarf angepasste, vollwertige Ernährung abgebaut. Wunderdiäten – und von denen gibt es Hunderte – wirken, wenn überhaupt, nur kurzfristig.

Mit der Trennkost beispielsweise werden zwar bisweilen Erfolge erzielt, aber kein Urmensch hätte im Tagesverlauf ernsthaft Kohlenhydrate und Eiweiße getrennt aufgenommen. Schon die Muttermilch, die zweifelsohne natürlichste Form der Ernährung, enthält beides zusammen. Der Haupteffekt liegt sicherlich in den empfohlenen Lebensmitteln wie Gemüse und Obst. Aber die werden auch bei vollwertiger Ernährung vermehrt aufgenommen. Wer wie bei der Atkinsdiät die angeblichen Dickmacher Kohlenhydrate meidet, leert lediglich vorübergehend sein Glykogendepot und verliert das damit gebundene Wasser, also ein paar Pfunde. Die Fettdepots werden gar nicht angegriffen.

Schockiert beim morgendlichen Wiegen? Diäten helfen da nicht – Bewegung ist angesagt.

Übergewicht und Adipositas

Ursachen
- Kalorienaufnahme über Bedarf
- Kalorienaufnahme als Trost für die Seele
- Genetische Veranlagung
- Niedrigerer Grundstoffwechsel (Muskulaturverlust, im Alter)

Folgen
- Bluthochdruck
- Gefäßverkalkung
- Diabetes mellitus (Typ 2)
- Gallensteine
- Gelenkleiden
- Atemnot

Der Problemkreis Übergewicht (Bodymass-Index über 25) und Adipositas (Bodymass-Index über 30) hat komplexe Ursachen und ist ein Risiko für Gesundheit, Lebensqualität und Selbstwertgefühl.

Bei der nächsten Gelegenheit wird der Körper die Kohlenhydratspeicher sofort wieder auffüllen. Wirklich dick machen nicht die Kartoffeln, sondern nur die fetten Saucen!

Mit Diäten dicker werden

Bei manchen Fastendiäten ohne körperliche Bewegung wird sogar körpereigenes Muskelgewebe angegriffen. Zur Ernährung der Nerven und des Gehirns benötigen wir Kohlenhydrate. Beim Hungern, also bei Kohlenhydratmangel, synthetisiert sich der Körper diese aus dem Eiweiß der Muskulatur. Das ist fatal, denn Muskulaturverlust bedeutet nicht nur weniger Fitness, sondern senkt gleichzeitig den aktiven fettfreien Körperanteil. Der Grundstoffwechsel sinkt dadurch weiter ab.

Wegen einer Anpassung aus Urzeiten funktionieren Crashdiäten nur selten. Während einer Diät senkt der Körper den Grundstoffwechsel. Er kommt mit weniger aus. Zudem nutzt der Darm die vorhandenen Kalorien effizienter. Diese Umstellungen halten für Monate an. In Urzeiten, als keine Kühlschränke so gefüllt sein konnten, war das eine sinnvolle Anpassung. Isst man heute nach einer Diät wieder normal, speichert der Körper alle Kalorien, derer er habhaft werden kann, für erneute Notzeiten, die aber nicht mehr kommen. Man nimmt so automatisch wieder zu.

Die »Friss-das-Doppelte-friss-die-Hälfte-Diät«

Erfolgreich sind nur langfristige Verhaltensänderungen. Wir haben uns vielleicht über Jahrzehnte viele schlechte Ernährungsweisen angewöhnt; daher sollte eine Umstellung ähnlich wie beim Training nur langsam erfolgen. Die Darmflora muss sich vielleicht erst noch an gesunde Lebensmittel gewöhnen und sich umstellen. Ernährungsweisen wie die mediterrane Diät sind eigentlich keine echten Diäten, sondern eher Empfehlungen, was man bei der Lebensmittelauswahl bevorzugen sollte.

Wenn es schon eine Diät sein muss, dann sollte es die »Friss-das-Doppelte-friss-die-Hälfte-Diät« sein: Essen Sie in Zukunft das Doppelte an gesunden Lebensmitteln, wie beispielsweise Obst, Gemüse, Salate, Fisch, Vollkorn- und Milchprodukte, und nur noch die Hälfte an »schlechten« Lebensmitteln, wie z. B. Schokolade, Eiscreme, fette Saucen, Fleisch, Alkohol oder Kaffee. Schon der gesunde Menschenverstand rät uns zu dieser Umstellung, und eigentlich kann jeder diese Empfehlung nachvollziehen. Verboten ist demnach nichts, nur die Relationen müssen neu gesetzt werden. Alleine diese simple Umverteilung könnte schon viele Ernährungsmängel ausgleichen.

Normal- und Idealgewicht und Bodymass-Index

Kennen Sie eigentlich Ihr Gewicht? Ist es in Ordnung, oder steigen Sie auf keine Waage mehr? Dabei stellt sich grundsätzlich die Frage, was normal und was ideal ist. Das ist individuell sicherlich verschieden, aber dennoch keine reine Geschmackssache.

Mediziner und Ernährungsexperten haben sich darüber Gedanken gemacht. Der hier empfohlene Optimalbereich entspringt also nicht dem Wunschdenken einer Modelagentur. Er entstammt vielmehr den Sterblichkeits- und Risikotabellen von Kranken- und Lebensversicherungen sowie soliden wissenschaftlichen Untersuchungen. Die vorgegebenen Bereiche lassen ein wenig persönlichen Spielraum innerhalb der oberen und unteren Grenzen zu. Nach den folgenden Formeln können Sie berechnen, ob Ihr Gewicht zu Ihrer Größe passt.

Broca-Formeln

▶ Normalgewicht: Größe in Zentimeter minus 100

Bei aller Zahlenakrobatik: Wichtig ist, dass Sie sich in Ihrem Körper und mit Ihrem Gewicht wohl fühlen.

Der fatale Jo-Jo-Effekt

▶ Idealgewicht: Normalgewicht minus zehn Prozent davon

Das Normalgewicht liegt im Vergleich zum Bodymass-Index eher am oberen Rand der Gesundheitsempfehlungen, das Idealgewicht eher in der Mitte.

Bodymass-Index (BMI)

Der BMI zeigt an, ob Ihr Gewicht zu Ihrer Größe passt. Er wird folgendermaßen ermittelt: Körpergewicht in Kilogramm geteilt durch das Quadrat der Körpergröße in Meter. Bei 72 Kilogramm Gewicht und 1,80 Meter Körpergröße hätte man beispielsweise einen BMI von 22,2 und läge absolut im »grünen Bereich«.

▶ Sollwerte Männer: 20 bis 25
▶ Sollwerte Frauen: 19 bis 25
▶ Untergewicht: unter 19
▶ Übergewicht: über 25
▶ Fettsucht (Adipositas) über 30

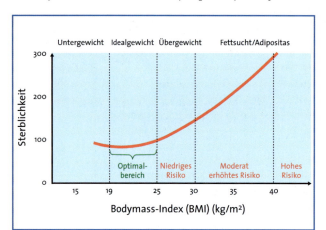

Relation von Bodymass-Index und erhöhter Sterblichkeit (nach Bray 1985).

Ausdauersportler liegen fast immer im Optimalbereich. Leichtes Untergewicht kommt bei sehr austrainierten Athleten vor. Zur Leistungsoptimierung wirft man eben (Fett-)Ballast ab. Leichtes Übergewicht ist ebenfalls gesundheitlich kein Problem und erst recht kein Grund zum Rauchen. Das wäre eine unsinnige Abnehmmethode, bei der man einen schwachen Risikofaktor durch einen starken ersetzt. Dann walken Sie lieber und stellen Ihre Ernährungsgewohnheiten um!

Schwere Knochen – oder doch zu viel Fett?

Der Körperfettanteil, das für die Gesundheit wichtige Verhältnis von passivem Fett- zu aktivem Muskel-, Knochen- und Organgewebe, wird aber weder bei den Broca-Formeln noch beim Bodymass-Index mit einbezogen.

So kann ein Bodybuilder durchaus wegen seiner Muskelberge nach dem BMI übergewichtig sein. Letztlich ist aber nur zu viel Körperfett, also passives Körpergewebe, ein gesundheitliches Problem.

Sie kennen die Ausrede: »Ich habe einfach zu schwere Knochen für meine Größe!« Eine Fettmessung mit modernen Waagen (Bioimpedanzwaagen) oder mit Fettzangen (»Calipers«) bringt die Wahrheit ans Licht. Falls man lange keinen Sport getrieben und dabei zwar sein Gewicht gehalten hat, kann man dennoch unmerklich an Muskulatur abgebaut haben. Ab einem Alter von 30 Jahren wird es dann immer schwieriger, nicht zuzunehmen. Die schleichende Zunahme des Fettanteils zuungunsten der aktiven Körpermasse wurde nicht bemerkt.

Die Gründe hierfür sind in erster Linie Bewegungsmangel. Bei Männern lässt zudem die Testosteronproduktion nach, und damit sinkt auch die Muskelmasse. Eine Körperfettmessung zeigt den wahren Fitnesszustand, das prozentuale Verhältnis von aktivem zu passivem Gewebe. Normalgewichtige Männer haben einen Körperfettgehalt von 13 bis 21 Prozent. Frauen liegen infolge einer biologisch sinnvollen Schwangerschafts- und Stillzeitreserve mit 18 bis 26 Prozent deutlich darüber. Gut trainierte Ausdauersportler liegen eher im unteren Bereich.

Schlanksein und Fitsein – nicht ein und dasselbe

Schlank zu sein bedeutet nicht, auch fit zu sein! Durch Rauchen und Hungerdiäten bauen Sie keine Muskulatur und noch lange kein leistungsfähiges Herz-Kreislauf-System auf.

Beispielsweise ist schlanken, aber keinen Sport treibenden Frauen ihr relativ hoher prozentualer Körperfettanteil wegen der verlorenen oder nie antrainierten Muskelmasse zunächst gar nicht anzusehen. Eine Fettmessung zeigt aber schnell, ob sie »fitschlank« sind oder nicht. Frauen haben einen großen Teil ihres Körperfetts im Körper versteckt, Männer tragen es dagegen meist gut sichtbar am Bauch.

Der Fettanteil schwankt im Tagesverlauf

Bei Verwendung der modernen Bioimpedanzwaagen sind nicht wenige irritiert, wenn die Fettwerte im Tagesverlauf schwanken. Verrückte Welt: Morgens nach dem Aufstehen wiegen Sie am wenigsten, der Fettwert ist jedoch am höchsten. Am Nachmittag ist es genau umgekehrt. Man war ohnehin misstrauisch und möchte der lästigen Waage nun endgültig keinen Glauben schenken.

Doch halt! Bevor Sie das Objekt Ihrer Hassliebe aus dem Fenster werfen, sollten Sie Folgendes bedenken. Sie sind morgens nicht am leichtesten, weil Sie über Nacht viel Fett abgebaut, sondern weil Sie Wasser verloren haben. Dadurch wird der relative Fettwert natürlich höher.

Nachmittags haben Sie schon etwas gegessen und getrunken, aber wohl kaum einen Liter Olivenöl zu sich genommen. Mit der Gewichtszunahme von ein bis zwei Kilogramm

> ### Risiko Fett
>
> **Ein Körperfettanteil von mehr als 27 Prozent bei Männern und mehr als 35 Prozent bei Frauen ist gesundheitlich bedenklich. Die Sterblichkeit bei leicht übergewichtigen, aber ausdauertrainierten Personen ist dagegen kaum gesteigert. Eine erhöhte orthopädische Belastung bleibt allerdings dennoch bestehen.**

im Lauf des Tages steigt der Wasseranteil im Körper, und der Fettanteil sinkt prozentual. Die absolute Fettmenge ist dabei ziemlich gleich geblieben.

Übrigens sind Frauen im Gegensatz zu Männern größeren natürlichen Gewichtsschwankungen unterworfen. Dies erklärt sich im Verlauf des Monatszyklus durch Wassereinlagerungen im Gewebe.

Abnehmen im Schlaf – und es geht doch!

Dass man im Schlaf abnehmen können soll, klingt wie ein billiges Versprechen aus dem Anzeigenteil der Gazetten. Doch keine Angst: Es wird jetzt nicht unseriös. Je mehr Muskulatur, also aktives Gewebe der Körper aufweist, desto höher ist der Grund-

Energieverbrauch bei Walking und Jogging
Näherungswerte in kcal/h in Abhängigkeit von Körpergewicht und Tempo

TÄTIGKEIT	TEMPO (km/h)	KÖRPERGEWICHT					
		50 kg	60 kg	70 kg	80 kg	90 kg	100 kg
Liegen	-	66	81	90	102	117	132
Sitzen	-	84	102	120	132	150	168
Wandern mit Rucksack	5	300	360	420	474	540	600
Bergsteigen	-	450	519	612	690	777	870
Spazierengehen	3	138	171	198	222	255	279
Walking	6	222	270	318	360	408	456
Nordic Walking*	6	350	425	501	565	641	716
Power Nordic Walking*	9	791	961	1121	1272	1432	1601
Powerwalking	9	504	612	714	810	912	1020
Racewalking	12	770	880	990	1100	1210	1320
Jogging	9	438	531	624	702	795	888
Dauerlauf	12	642	771	906	1024	1155	1290
Tempodauerlauf	16	798	963	1128	1278	1437	1602
Laufen (Renntempo)	20	960	1158	1356	1536	1731	1932

* Mit intensivem Armeinsatz
(Zusammenstellung nach verschiedenen Autoren)

stoffwechsel selbst nachts im Bett, auch wenn man schläft. Während eine Fettzelle gewissermaßen proppevoll vor sich hinschlummert und von ihrem Einsatz bei der nächsten Hungersnot träumt, herrscht in den Muskelzellen geschäftiges Treiben. Selbst im Schlaf werden sie gepflegt, repariert und umgebaut, und die Energiespeicher werden aufgefüllt.

Die Bedeutung der Körperfettmessung mag weiterhin folgendes Beispiel veranschaulichen: Chrissi und Maria wiegen beide jeweils 65 Kilogramm, sind 1,70 Meter groß und haben somit einen BMI von 22,5. Im Gegensatz zu Chrissis 22 Prozent hat Maria jedoch einen Körperfettanteil von 26 Prozent.

Demnach müsste Maria entweder ca. drei Kilogramm abnehmen, um auf Chrissis Fettwert zu kommen oder – besser – die Muskulatur trainieren und dadurch das Verhältnis verschieben.

Ein weiterer Aspekt ist, dass durch den leicht höheren Fettanteil von nur vier Prozent Marias Grundstoffwechsel mit etwa 1400 Kilokalorien täglich um 60 Kilokalorien niedriger als der von Chrissi liegt. Nicht viel, sollte man meinen. Aber was ist nach 365 Tagen? Ohne Körperfettanteilmessung könnte man annehmen, dass beide das Gleiche essen dürfen. Dem ist aber nicht so. Maria wäre bei gleicher Ernährung in einem Jahr rein rechnerisch rund 3,4 Kilogramm schwerer als Chrissi!

Die Basis für Leistungsfähigkeit

No meats, no sweets, no alcohol

Außenminister Joschka Fischer hatte für sich das Motto: »No meats, no sweets, no alcohol« ausgelobt. Ab sofort kein Fleisch, keine Süßigkeiten und keinen Alkohol mehr. Er hat damit neben seinem Laufprogramm erfolgreich 38 Kilogramm abgenommen.

Ganz so radikal muss es ja nicht sein. Es genügt schon, wenn wir es schaffen, einen Großteil unserer Ernährung zu hinterfragen und schrittweise umzustellen. Keine Angst, das Leben wird durch eine vollwertige Ernährung bestimmt nicht öde. Fast alles ist erlaubt – in Maßen. Solange ein Bierchen oder ein Stück Schokolade die Ausnahme von der Regel bleiben, ist alles in Ordnung. Denn bei aller Selbstdisziplin sollten Sie sich auch vor den Extremen der »Gesundheitsapostel« hüten!

Eine 100-prozentig richtige Ernährung gibt es nicht. Jeder Mensch hat eine andere Verdauung, eine andere Darmflora. Insofern ist man nicht nur, was man isst, sondern auch das,

Mit einer Ernährungsumstellung ändert sich auch der Geschmack. Wer z. B. über Wochen den Zucker im Tee reduziert, wird – statt nur warmes Zuckerwasser zu schmecken – plötzlich Teesorten unterscheiden lernen.

> **Nur das Beste**
>
> Das, was Sie essen, geht Ihnen unter die Haut. »Man ist, was man isst«, sagen Ernährungsberater, und eine alte russische Weisheit besagt: »Nicht das Pferd, sondern der Hafer zieht den Wagen.«

was man verdaut. Wenn Sie sich beim Umstellungsprozess Zeit lassen, werden Sie feststellen, wie sich Ihr Geschmack wandelt und wie sich durch die bewusstere Ernährung auch ein besseres Lebensgefühl und eine ausgeprägtere Fitness einstellen.

Typische Ernährungsfehler

Ernährungswissenschaftler umschreiben die heutige Durchschnittskost als Mangel im Überfluss. Trotz reichlicher Kalorienzufuhr fehlt es uns nicht nur an Bewegung, sondern oft auch an wichtigen Nahrungsbestandteilen.

Zucker und Alkohol sind Beispiele für »leere Kalorien«, die keine Faserstoffe, Mineralien und Vitamine liefern. Zu viel Kochsalz kann Bluthochdruck verursachen. Tierische Fette enthalten das im Übermaß schädliche Cholesterin, und tierische Proteine enthalten Purine, die bei Überangebot zu Gicht führen können.

Ein Zuwenig an Vitaminen, Mineralstoffen und Spurenelementen führt zu Mangelerkrankungen und verminderter Leistungsfähigkeit. Der zu geringe Faserstoffanteil hochveredelter Produkte wie Weißmehl oder Schokolade führt zur Verstopfung und wird auch für bestimmte Darmbeschwerden bis hin zu Krebserkrankungen verantwortlich gemacht. Faserstoffe dagegen fördern das Kauen, erhöhen das Sättigungsgefühl und binden Cholesterin im Darm.

Nährstoffdichte statt leerer Kalorien

Wie bekommen wir bei gleicher oder sogar geringerer Kalorienzahl trotzdem mehr Vitamine und Mineralien? Mit der richtigen Lebensmittelauswahl und Zubereitung. Wir können para-

Der Mangel im Überfluss

Zu viel	Zu wenig
Kalorien	Langkettige Kohlenhydrate
Tierisches Fett	Essenzielle Fettsäuren
Tierisches Eiweiß	Vitamine
Kochsalz	Mineralstoffe
Industriezucker	Spurenelemente
Alkohol	Faser- bzw. Ballaststoffe
Koffein	Flüssigkeit

Nährstoffdichte – Beispiele

Hohe Nährstoffdichte	»Leere Kalorien«
Vollkornprodukte	Weißbrot, Toastbrot
Magermilchprodukte	Industriezucker
Frischobst	Schokolade, Eiscreme
Trockenobst	Bonbons
Frischgemüse	Limonaden, Brausen
Kartoffeln	Fruchtsaftgetränke und Nektare
Fruchtsaft, Mineralwasser	Alkohol

doxerweise viel essen und trotzdem wenig aufnehmen. Die Qualität der Lebensmittel kann man nach der so genannten Nährstoffdichte bewerten. Sie gibt an, wie viele Vitamine, Mineralstoffe und Spurenelemente wir pro Kilokalorie aufnehmen.

Die »leeren Kalorien« des Zuckers und Alkohols können hier als Negativbeispiele angeführt werden. Vergleicht man z. B. Colagetränke mit Orangensaft oder Weißbrot mit Vollkornbrot bei jeweils gleicher Kalorienzahl, so wird schnell deutlich, was für unsere Ernährung wertvoller ist. Ein Colagetränk ist koffeinhaltiges Zuckerwasser ohne Vitamine und Mineralien. Ein Glas Orangensaft dagegen deckt bereits Ihren Tagesbedarf an Vitamin C! Vollkornbrot enthält an den für Ausdauersportler so wichtigen Nährstoffen Eisen, Vitamin B1, Magnesium, Kalium und Faserstoffen drei- bis viermal so viel wie Weißbrot!

Energie mit wenig Fett und mehr Kohlenhydraten

Im Vergleich zu den Vorgaben der Ernährungswissenschaftler essen wir zu fett und nehmen zu wenig Kohlenhydrate zu uns. Alkohol liefert einen zu hohen Beitrag an Tageskalorien. Viele Erwachsene nehmen 20 Prozent und mehr der täglichen Energiezufuhr über Bier und Wein auf. Zwei halbe Liter Weizenbier liefern bereits 460 Kilokalorien, davon das meiste, ca. 300 Kilokalorien, über den Äthanol, den »Sprit« im Bier. Bier ist also keineswegs »flüssiges Brot«, denn die Kalorien stammen nur zum geringeren Anteil von den Kohlenhydraten. Auf alkoholfreies Bier mag dieser Werbespruch vielleicht zutreffen.

Die Empfehlungen der Deutschen Gesellschaft für Ernährung decken sich gut mit den Empfehlungen für Ausdauersportler. Die optimale Ernäh-

Mit zunehmendem Alter nimmt der Kalorienbedarf ab, nicht aber der Nährstoffbedarf. Es ist dann also umso wichtiger, bei der Ernährung auf besonders nährstoffdichte Lebensmittel zu achten.

rung des Walkers, Läufers oder Radfahrers ist in diesem Sinn also eigentlich vorbildlich für alle.

Kohlenhydrate – Sprit für die Muskeln

Kohlenhydrate werden von grünen Pflanzen bei der Photosynthese aus Kohlendioxid und Wasser mit Hilfe von Sonnenlicht gebildet. Durch Verknüpfung von Einfachzuckern wie Trauben- (Glukose) und Fruchtzucker (Fruktose) entstehen Zweifachzucker wie Rohrzucker oder Mehrfachzucker und langkettige Moleküle wie Stärke, Glykogen und die teilweise unverdaulichen Faser- oder Ballaststoffe (wie Pektine oder Zellulose). Die Kohlenhydratspeicher des Ausdauersportlers – die Glykogendepots in Muskeln und Leber – sind begrenzt und müssen ständig aufgefüllt werden. Enthält die Alltagskost nur 35 Prozent Kohlenhydrate, wie das durchschnittlich der Fall ist, so würde bei einem intensiveren Sportprogramm oder einer Bergwanderung und mehrtägigen Radtour das Glykogendepot innerhalb weniger Tage verarmen. Um problemlos weitertrainieren zu können, sollte der Kohlenhydratanteil der Nahrung auf 60 Prozent angehoben werden, das Glykogendepot kann sich dann wieder auffüllen. Besonders gute Kohlenhydratquellen, die auch reichlich Vitamine, Mineralstoffe und Spurenelemente enthalten, sind:

▶ Frischobst
▶ Trockenobst
▶ Gemüse
▶ Kartoffeln
▶ Vollkornnudeln
▶ Vollkornreis
▶ Vollkornbrot
▶ Hirse

Fette und Öle – Energiequelle und Baustoff

Fett ist ein Wärmepolster und ein leichter, aber großer Energiespeicher, der für mindestens 20 Marathonläufe reichen würde. Fette bestehen aus Glyzerin und Fettsäuren. Man unterschei-

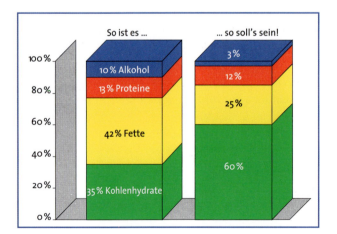

Wo kommen die Kalorien beim Durchschnittsbürger her? Ernährungswissenschaftler empfehlen auch Normalbürgern die Kost für Ausdauersportler: weniger Fett und Alkohol, dafür mehr Kohlenhydrate.
(Quelle: Steffny, Run Fit Fun 97)

det je nach Zahl chemischer Doppelbindungen zwischen den Kohlenstoffatomen gesättigte und einfach oder mehrfach ungesättigte Fettsäuren.

Essenzielle (lebensnotwendige) Fettsäuren wie Linolen- und Linolsäure müssen mit der Nahrung zugeführt werden. Aus ihnen werden Zellmembranen und Hormone gebildet. Einfach ungesättigte Fettsäuren wie die Ölsäure des Olivenöls mindern im Blut selektiv nur den schädlichen LDL-Cholesterinanteil, nicht aber die schützende HDL-Fraktion. Besonders wertvolle, aber dennoch kalorienreiche Fett- und Ölquellen sind:

- Olivenöl
- Sonnenblumenöl
- Distelöl
- Maiskeimöl
- Meeresfische wie Makrelen oder Hering (Omega-3-Fettsäuren)

Die fettlöslichen Vitamine A (Vorstufe Beta-Karotin), D, E und K können im Darm nur in Gegenwart von Fett aufgenommen werden. Des Weiteren lösen sich viele Gewürzstoffe nur in Fett – ein Grund, warum fettfreies Essen nicht so gut schmeckt. Fette benötigen zu ihrem Abbau mehr Sauerstoff, liefern aber pro Gramm mit neun Kilokalorien über doppelt so viel Energie wie Kohlenhydrate oder Eiweiße (je vier Kilokalorien). Um den wahren Energiegehalt Ihres Essens zu erahnen, können Sie sich also jede Fettportion über doppelt so groß vorstellen! Fette Speisen verlangsamen zudem die Verdauung.

Wie Sie Fett einsparen können

Insbesondere tierische Fette mit einem hohen Anteil gesättigter Fettsäuren und Cholesterin müssen zugunsten von Kohlenhydraten stark reduziert werden. Beide sind für die Gefäßverkalkung verantwortlich.

Doch Fette lauern versteckt in Käse, Fleisch, Wurst, Kuchen, Eis und Schokolade. Fettärmere Kost erreicht man bei der Auswahl der Lebensmittel, aber auch bei der Zubereitung: Grillen, Kochen und Dünsten statt Braten oder Frittieren. Zudem sind diese Verfahren vitaminschonender. Meiden Sie fette Saucen. Fragen Sie sich doch einmal selbst:

- Muss unter fetthaltige Wurst unbedingt noch dick Butter?
- Könnte nicht Magerquark Butter als Brotaufstrich ersetzen?
- Müssen die Nudeln unbedingt in der Sauce ertrinken?
- Wie wäre es mit Obstkuchen – oder muss es Cremetorte sein?
- Gehört auf frischen Obstkuchen eigentlich immer Sahne?
- Könnte Milch nicht die Kaffeesahne ersetzen?
- Könnte ich nicht die 1,5-prozentige Fitmilch statt der 3,7-prozentigen Vollmilch verwenden?

Zu viel und falsches Fett macht dick und krank. Aber ohne Fett fehlen dem Körper bestimmte Bausteine. Wir könnten einige Vitamine nicht aufnehmen, und manches würde schlechter schmecken.

BILD LINKS: *Das morgendliche Müsli liefert Kohlenhydrate, Ballaststoffe und Vitamine.*
BILD RECHTS: *Mehrmals am Tag frisches Obst zu essen, macht Vitaminpräparate (die ohnehin von zweifelhaftem Nutzen sind) überflüssig.*

Eiweiß – es muss nicht immer Fleisch sein

Aus Eiweißen oder Proteinen bestehen im Körper Wirkstoffe und Strukturelemente wie Enzyme, Hormone, Antikörper, Hämoglobin, Bindegewebe und Muskulatur.

Sie werden ständig umgebaut. Nach sieben Wochen ist die Hälfte des gesamten Muskelproteins ausgetauscht, die entsprechende Halbwertzeit von Leberenzymen beträgt nur rund zehn Stunden. Menschliches Eiweiß besteht aus 20 Aminosäuren, von denen wir acht mit der Nahrung aufnehmen müssen. Je nach Gehalt an diesen unentbehrlichen (essenziellen) Bausteinen haben Lebensmittel unterschiedliche »biologische Wertigkeiten« für unsere Proteinversorgung.

Die höchsten Werte erzielen z. B. Ei-Eiweiß, Milch, Quark und Dorsch. Eine optimale Versorgung erzielen Sie durch geschickte Eiweißergänzung der pflanzlichen mit tierischen Lebensmitteln, wobei der pflanzliche Anteil jeweils größer sein sollte. Fleisch und Fisch werden zur Beilage, Salat, Gemüse und Kartoffeln zur Hauptspeise.

Eiweißpräparate sind teuer und überflüssig. Wer sich vollwertig ernährt und auf einfache tierisch-pflanzliche Eiweißkombinationen achtet, bekommt genügend und die richtigen Aminosäuren.

Aufgrund dieser wichtigen Grundregel könnte Ihr Wochenspeiseplan ungefähr so aussehen:
- Pellkartoffeln mit Ei
- Quark mit Vollkorngetreide
- Fisch mit Vollkorngetreide
- Bohnen mit Vollkorngetreide
- Bohnen mit Fisch oder Fleisch
- Getreideflocken mit Milch (Müsli)

Weitere fettarme, aber vitamin- und mineralstoffreiche hochwertige Eiweißquellen sind Geflügel, Sojaprodukte und Amarant, ein südamerikanisches Fuchsschwanzgewächs. Kartoffeln mit Ei oder ungezuckertes Müsli sind Beispiele für einfache und vollwertige Essen, die jeder ohne großen Aufwand, raffinierte Kochkenntnisse oder einen dicken Geldbeutel zubereiten kann.

Zurzeit besteht unsere Proteinzufuhr etwa zu zwei Dritteln aus tierischem Eiweiß. Diese sollten zugunsten der genannten Kombinationen mit mehr pflanzlichen Proteinen reduziert werden. Tierisches Eiweiß enthält zudem auch beträchtliche Mengen gesättigter Fettsäuren und Cholesterin.

Ovo-Lakto-Vegetarier und Veganer

Der Mensch ist kein Vegetarier, sondern aufgrund seines Gebisses und Verdauungssystems eigentlich eher ein Gemischtköstler.

Viele Ausdauersportler essen mehr oder weniger vegetarisch. Für Ovo-Lakto-Vegetarier ist selbst Hochleistungssport mit hochwertigen tierisch-pflanzlichen Eiweißkombinationen kein Problem. Sie essen zwar fleischlos, aber noch Milchprodukte und Eier. Bei strengen Veganern, die überhaupt keine tierischen Lebensmittel verzehren, können Engpässe bei der Aufnahme von Eisen, Vitamin B12, Zink, Jod und Selen vorkommen.

Auch wegen der Proteinversorgung sollte unbedingt auf hochwertige pflanzliche Eiweißquellen wie Soja, Hülsenfrüchte, Kartoffeln, Vollkornprodukte und Nüsse geachtet werden. Fitnesswalking ist noch möglich, aber beim Wettkampfgehen wird es für Veganer schnell kritisch. Übrigens erleiden Ovo-Lakto-Vegetarier durchschnittlicher weniger Herzinfarkte als die Fleisch essende Bevölkerung.

Vitamine – kleine Menge, große Wirkung

Vitamine sind lebensnotwendige Bestandteile unserer Nahrung. Man unterteilt sie in wasserlösliche Vitamine (B-Komplex, C) und fettlösliche (A, D, E, K). Durch einseitige oder falsche Ernährung, durch Abführmittel und bei Diäten kann es zur Unterversorgung kommen. In der Schwangerschaft, bei Rauchern, bei Stress und Leistungssport ist der Vitaminbedarf erhöht. Die bei Sportlern erhöhte Kalorienzufuhr vermag aber bei vollwertiger Ernährung normalerweise diesen Mehrbedarf auszugleichen.

Fettlösliche Vitamine werden im Fettgewebe gespeichert, während die wasserlöslichen ständig neu zugeführt werden müssen und eine überschüssige Zufuhr ausgeschieden wird. Bei den fettlöslichen Vitaminen ist daher die Gefahr einer Überdosierung mit Vergiftungserscheinungen größer. Bei Erwachsenen beträgt die durchschnittliche Reservekapazität zwischen ein bis zwei Jahren (Vitamin A), drei bis vier Monaten (Vitamin C) und vier bis zehn Tagen (Vitamin B1, Thiamin).

So vermeiden Sie Vitaminverluste

Der Vitamingehalt der Nahrung hängt von der Art, Saison, Frische und Behandlung der Lebensmittel ab. Die wasserlöslichen Vitamine B1 und C

Angst vor Vitaminmangel? Essen Sie täglich Frischobst, Salate und Gemüse, und bevorzugen Sie Vollkornprodukte. Da ist alles drin.

Vitamin-C-Verluste
In Prozent bei verschiedenen Zubereitungen

Lebensmittel	Kochen	Druckdämpfen	Dünsten
Kartoffeln in der Schale	16	15	2
Kartoffeln, geschält	32	13	15
Blumenkohl	42	23	18
Weißkohl	52	28	28
Grüne Bohnen	43	31	20

* nach Elmadfa / Aign / Fritsche: GU Kompass – Nährwerte. Gräfe und Unzer. München 1997

Frühstück ohne Nährwert? Mangelhaft sind getoastetes Weißbrot mit Butter und Marmelade und viel Kaffee. Die Alternativen: die Vitaminbombe Müsli mit Joghurt oder Vollkornbrot mit Käse, ein Apfel, dazu ein Glas Fruchtsaftschorle und nur eine Tasse Kaffee.

können bei der Zubereitung leicht ausgeschwemmt werden, sind hitzeempfindlich und oxidieren an der Luft.

Dünsten ist grundsätzlich besser als Kochen. Beim Toasten gehen z. B. 40 bis 50 Prozent an Vitamin B1 verloren. Es ist an der Energiegewinnung aus Kohlenhydraten beteiligt und daher für Ausdauersportler besonders wichtig. Der Bedarf ist bei kohlenhydratreicher Kost und starkem Alkoholkonsum erhöht. Fettlösliche Vitamine wie Vitamin E sind hingegen relativ hitzestabil. Gemüse sollte vitaminschonend nur »al dente« und nicht zu Matsch gedünstet werden. Das Kochwasser oder die Garflüssigkeit sollten für Saucen weiterverwendet werden.

Mineralstoffe und Spurenelemente

Mineralstoffe und Spurenelemente sind anorganische Bestandteile des Skeletts und beeinflussen als gelöste Elektrolyte die physikalischen und biochemischen Eigenschaften der Körperflüssigkeiten wie Nervenleitung, Muskelkontraktion und Pufferung gegen Säure-Base-Schwankungen.

Mineralstoffe sind auch Bestandteile von Enzymen. Beim Schwitzen verliert der Körper Elektrolyte wie Natrium, Kalium und Magnesium. Natriumchlorid (Kochsalz) nehmen wir generell eher zu viel zu uns. Kalium ist notwendig zur Bildung des Glykogendepots. Magnesium ist mit Kalzium am Aufbau von Knochen und Zähnen beteiligt und ein wichtiger Enzymaktivator im Energiestoffwechsel. Mit dem Schweiß geht überproportional viel Magnesium verloren. Kalzium, Vitamin-B1-Mangel, Alkohol, Kaffee, Colagetränke, Limonaden und fettreiche Nahrung beeinträchtigen die Aufnahme von Magnesium im Darm. Magnesium ist das Zentralatom des Chlorophylls und daher in grünen Pflanzen, aber auch in Meeresfisch reichlich vorhanden. Eine weitere gute Quelle sind magnesiumreiche Mineralwässer (über 100 Milligramm pro Liter). Kalzium bildet mit Magnesium als Phosphat die Knochensubstanz. Einem Abbau von Knochen (Osteoporose) nach der Menopause können Frauen durch Bewegung und rechtzeitige Kalziumaufnahme bereits in jüngeren Jahren vorbeugen.

Eisen – der Sauerstoffspender

Eisen ist als Zentralatom des Hämoglobins in den roten Blutkörperchen wesentlich am Transport des Sauerstoffs und dessen kurzfristiger Speicherung im Muskel (Myoglobin) beteiligt. Eisenmangel (Anämie) hat daher fatale Folgen für Ausdauersportler.

Vitamin C fördert die Aufnahme von Eisen im Darm, die Gerbstoffe des Kaffees und schwarzen Tees, aber auch Colagetränke (Phosphat) behindern sie. Eisen aus tierischen Quellen wird doppelt so gut aufgenommen wie aus pflanzlichen. Gute Eisenlieferanten sind beispielsweise:
▶ Fleisch
▶ Leber und Nieren
▶ Vollkornprodukte
▶ Kohlgemüse
▶ Hirse
▶ Hülsenfrüchte
▶ Schwarzwurzeln
▶ Pfifferlinge

Der Bedarf lässt sich zwar gut mit Leber decken; das zentrale Entgiftungsorgan ist aber durch die heutigen Bedingungen der Tiermast durch Antibiotika, Schwermetalle und Anabolika sehr schadstoffbelastet und sollte nur noch selten gegessen werden.

Getränke – so stimmt die Wasserbilanz

Der Mensch besteht zu rund 60 Prozent aus Wasser. Von den durchschnittlich aufgenommenen 2,5 Liter Flüssigkeit pro Tag stammen 1,3 Liter von Getränken, 0,9 Liter aus der Nahrung und 0,3 Liter vom so genannten Oxidationswasser, das bei der Energiegewinnung aus Kohlenhydraten und Fetten entsteht. Starke Wasser- und

Großzügiger Eisenspender: der Pfifferling. In Suppen, mit Rührei, als Ragout oder in diversen Saucen eine Delikatesse!

Bild links: »*Ein Bierchen in Ehren …*«. *Man sollte allerdings darauf achten, dass es nicht zur Gewohnheit wird.*
Bild rechts: *Das Frühstück ist die wichtigste Mahlzeit des Tages. Zu jeder Tasse Kaffee sollten Sie jedoch ein Glas Wasser trinken, um Flüssigkeitsverluste zu vermeiden.*

Elektrolytverluste entstehen nicht nur beim Schwitzen, sondern auch durch Abführtabletten und harntreibende Getränke wie Kaffee und Alkohol.

Wer viel Bier und Kaffee trinkt, trocknet innerlich regelrecht aus. Diese Entwässerung (Dehydratation) führt zur Leistungseinbuße im Alltag und beim Sport. Auch die geistige Leistung und Konzentrationsfähigkeit leidet darunter. Gerade ältere Menschen verlieren das natürliche Durstgefühl. Häufig werden nur noch Kaffee und alkoholische Getränke bei wenig Obst und Gemüse eingenommen. Zum Ausgleich der Wasserbilanz sollten Sie zu jeder Tasse Kaffee oder jedem Glas Alkohol die gleiche Menge mineralstoffreiches Wasser trinken.

Empfehlenswerte Getränke für Walker sind:
- Elektrolytreiche Mineralwässer mit einem Magnesiumgehalt von über 100 Milligramm pro Liter
- Fruchtsaftschorle
- Obstsäfte (kein zuckerhaltiger Nektar oder Fruchtsaftgetränke)
- Gemüsesäfte
- Früchtetees
- Fettarme Milch

Ein Grund mehr für Sport: Für ein Viertele Wein (200 kcal) oder 0,5 Liter Hefeweizen (240 kcal) müssten Sie bei 70 Kilogramm Körpergewicht rund 30 Minuten walken.

Von diesen Getränken können Sie gerne »einen über den Durst« trinken. Über Nacht verlieren Sie viel Flüssigkeit durch Atmen, Schwitzen und Ausscheidung. Vor allem an heißen Tagen beginnen viele Sportler ihr Training unbewusst mit einem Wasserdefizit. Deshalb sollten Sie schon morgens nach dem Aufstehen ein großes Glas Fruchtsaftschorle oder Mineralwasser trinken.

Alkohol in Maßen, nicht in Maßkrügen!

Natürlich ist Alkohol (Äthanol) ein beträchtlicher Energielieferant – aber mit 2,5 Millionen Alkoholkranken in Deutschland Droge Nummer eins. Beim Bier stammen über 60 Prozent der Kalorien vom Äthanol, beim Wein sogar 84 Prozent. Der Pro-Kopf-Konsum von rund 68 Gramm am Tag (das entspricht immerhin 488 Kilokalorien) der 20- bis 65-Jährigen ist viel zu hoch!

Äthanol ist nicht nur eine leere Kalorienquelle, sondern auch ein Stoffwechselgift, das bereits im Magen re-

sorbiert wird und zudem harntreibend wirkt. Dieser diuretische Effekt bedeutet nicht nur Wasserverlust; mit dem Urin verlieren Sie auch Mineralstoffe.

Auf der anderen Seite sind geringe Mengen Alkohol (0,25 Liter Wein oder etwa 0,5 Liter Bier) sogar gesund. Sei es der Äthanol selbst oder Inhaltsstoffe wie Flavonoide beim Wein – sie haben einen schützenden Effekt vor Arteriosklerose und wirken anregend. Diese neuen wissenschaftlichen Erkenntnisse sollten jedoch keine Ausrede für übertriebenen Alkoholkonsum darstellen! Wer Ausdauersport betreibt, tut eigentlich schon genug für das Herz-Kreislauf-System und braucht genau genommen keine zusätzlichen alkoholischen Getränke.

Frauen vertragen wegen der geringeren Körpermasse, dem höheren Fettgewebeanteil, der keinen Alkohol abbaut, und der geringeren Aktivität der Alkoholdehydrogenase, eines Entgiftungsenzyms, nur halb so viel Alkohol wie Männer. Hier wäre der Ehrgeiz, es dem »starken Geschlecht« gleichzutun, sicher fehl am Platz.

Es gibt viele gute Gründe, den Alkoholkonsum zu reduzieren. Größere Mengen Alkohol:

▶ Bedeuten eine hohe Zufuhr »leerer Kalorien«
▶ Wirken harntreibend und stören den Wasser- und Mineralhaushalt
▶ Stören das Nervensystem, was u. a. zu Fahruntauglichkeit führt
▶ Verschlechtern die Muskelkoordination und verlangsamen die Regeneration nach dem Sport
▶ Verringern durch die Absenkung des Testosteronspiegels die Potenz
▶ Führen zu Schädigung der Magen- und Darmschleimhäute
▶ Beeinflussen das Stoffwechselgeschehen und fördern verschiedene Erkrankungen wie beispielsweise Gicht, Bluthochdruck, Herzmuskelschwäche und Leberversagen

Süße Sünden – Naschen verboten?

Die Lust auf Süßes ist uns schon in die Wiege gelegt worden. Unsere Zungen können neben salzig, bitter und sauer eben auch süß schmecken. Das natürliche Angebot bestand zu vorindustriellen Zeiten aus Obst, Trockenobst, Honig und Muttermilch. Der Urmensch musste aber lange umherschweifen und auf Bäume klettern, um an die nur saisonal und seltener vorkommenden süßen und vollwertigen Früchte zu gelangen. Heute steht ne-

Viele Süßigkeiten sind eigentlich »Fettigkeiten«. Schokolade enthält mehr Kalorien aus schlechten gesättigten Fettsäuren als Kohlenhydrate. Obst wie Bananen und Trockenfrüchte sind natürliche Süßbomben – und eine empfehlenswerte Alternative.

ben dem Fernseher die Pralinenschachtel. Wir befriedigen unseren »Süßtrieb« exzessiv mit leeren Kalorien. Süßes hebt den Serotoninspiegel im Gehirn, eine Art »Happyhormon«. Das tut Ausdauersport auch! Vielleicht gibt Ihnen Walking in Zukunft den »Kick«? Vielleicht naschen Sie in Zukunft ja auch gesündere Dinge wie:

- Früchte
- Trockenobst
- Frischen Obstkuchen
- Honig
- Ahornsirup

Verschieben Sie Ihr Bedürfnis nach Süßigkeiten Schritt für Schritt: weg von industriell produzierten Süßigkeiten, hin zu natürlicher Ernährung. Popcorn beispielsweise ist ein gesunder Snack, den man im Kochtopf oder in einer preiswerten Maschine leicht selbst herstellen kann. Es ist nichts anderes als durch Hitze aufgeplatzter Mais, ein Vollkornsnack. Sie können selbst bestimmen, ob Zucker, Salz oder Öl dazu soll. Wer sich sonst vollwertig ernährt und körperlich aktiv ist, kann ohne schlechtes Gewissen gelegentlich auch Schokolade oder andere Süßigkeiten genießen.

Müslipower

Müsli ist eine Power-Eiweiß-Kombination aus Milch- und Getreideflockenprotein. Hinzu kommen viele Kohlenhydrate, Mineralien und Vitamine aus Vollkorn, Nüssen und Obst, das auch die natürliche Süße liefert. Die Faserstoffe tragen nach einer kurzen Gewöhnungsphase zu einer natürlichen und geregelten Verdauung bei. Ballaststoffreiche Ernährung, ein Glas Mineralwasser und ein Dauerlauf – und schon ist's vorbei mit der Verstopfung! Müsli sollte nicht mit Kaffee, sondern besser mit Fruchtsaft kombiniert werden, da dieser die Aufnahme von Mineralien und Spurenelementen zusätzlich unterstützt.

Das Geheimnis der mediterranen Kost

In den Mittelmeerländern gibt es weniger Herzinfarkte sowie Brust- und Darmkrebserkrankungen. Man hat

Süß und trotzdem gesund: Müsliriegel und Fruchtschnitten geben Power – und machen kein schlechtes Gewissen.

Keimlinge wie Soja-, Radieschen- oder Alfalfasprossen peppen jeden Salat auf. Gesünder bekommen Sie eine so pikante Schärfe nicht auf den Tisch.

herausgefunden, dass dafür u. a. die Ernährung verantwortlich ist. Die Küche des Mittelmeers hat auch bei uns viele Anhänger. Die originale Landküche Italiens beispielsweise ist aber nicht mit vielen Pizzarestaurants oder Fastfoodketten bei uns zu vergleichen. Das Essen hier ist luxuriert, die Saucen zu fett, der Teig zu dünn, der Belag zu dick. Die traditionelle kohlenhydrat- und vitaminreiche mediterrane Kost vereint viele gute Lebensmittel:

▸ Gemüse und Salate
▸ Obst
▸ Getreideprodukte, Pasta
▸ Fisch und Meeresfrüchte, dagegen wenig Fleisch
▸ Olivenöl
▸ Knoblauch
▸ Gewürzkräuter mit sekundären Pflanzenstoffen, die vor Krebserkrankungen und Herzinfarkt schützen
▸ Rotwein (in Maßen!)

So natürlich wie möglich

Die Nahrung sollte so wenig wie möglich industriell aufbereitet sein. Haferflocken beispielsweise sind besser als hochverarbeitete Cornflakes, die im Nachhinein wieder künstlich mit Vitaminen aufgepäppelt werden und viele Zusatzstoffe enthalten. Lesen Sie einfach mal die Zutatenliste; Sie werden überrascht sein, was in vielen »gesunden« Sachen oft steckt.

Ein weiteres Beispiel ist die Kartoffel. Es ist natürlich ein Unterschied, ob Sie die gesunde Version in Form der Pellkartoffeln essen oder Kartoffelchips knabbern, die reichlich Fett, Kochsalz und gemeinhin sogar noch Geschmacksverstärker, Farb- und Konservierungsstoffe enthalten.

Salate mit Keimlingen – die vollwertige Vitaminbombe

Ein Teil der pflanzlichen Nahrung sollte roh verzehrt werden. Am einfachsten geht dies mit Rohkostsalat mit etwas kalt gepresstem Olivenöl. Dieser kann mit frisch gezogenen Keimlingen oder Sprossen, wahrhaft natürlichen »Vitaminbomben«, und frischen Kräutern angereichert sein. Keimlinge lassen sich in kleinen Zuchtgefäßen auf der Fensterbank ziehen.

In argentinischen Steakhäusern kann man übrigens hervorragend vegetarisch essen. Bedienen Sie sich am Salatbuffet, und bestellen Sie Pellkartoffeln in Alufolie.

Essen und Trinken beim Training

Nicht nur Essen macht den Meister, sondern der Meister macht sich sein Essen! Gesunde Ernährung im Alltag ist eine wichtige Voraussetzung für optimale sportliche Leistungsfähigkeit. Stimmen Sie, wenn irgend möglich, die Mahlzeiten im Tagesverlauf auf Ihr anstehendes Training ab. Mehrere kleine Mahlzeiten sind besser als drei große. Snacken Sie zwischendurch mit:

- Trockenobst
- Frischobst, Bananen
- Müsli
- Obstkuchen
- Joghurt

Essen vor dem Walking

Unmittelbar vor dem Training sollte die letzte leichte und kohlenhydratreiche Mahlzeit spätestens eine, besser aber zwei Stunden vorher eingenommen werden. Meiden Sie auf jeden Fall fette oder ballaststoffreiche Lebensmittel. Während bei der Alltagskost Vollkornprodukte wertvoller sind, belasten und verzögern sie vor einem Training unnötig die Verdauung. Geeignet, schnell verdaulich und wenig belastend sind:

- Bananen
- Weißbrot, dünn mit Butter und Honig bestrichen
- Kartoffelpüree
- Weißer Reis
- Zarte Haferflocken oder Griesbrei
- Zwieback

Trinken Sie den ganzen Tag über, aber nicht zu viel unmittelbar vor dem Walken, um Seitenstechen zu vermeiden. Bei kühlem Wetter reicht ein halber Liter in den letzten zwei Stunden vor dem Sport. Bei Wärme und langen Distanzen sollten Sie immer gut hydriert ins Training gehen.

So füllen Sie Ihre Kohlenhydratspeicher

Vor sehr langen Trainingseinheiten, Märschen oder Bergwanderungen sollten Sie die Glykogendepots noch einmal tüchtig füllen. Dazu zelebrieren die Triathleten, Radfahrer oder Marathonläufer eine Nudelparty. Bei einer »Pastaparty« sollten Sie jedoch Folgendes beachten:

- Nehmen Sie Hartweizengriesnudeln, keine Eiernudeln.
- Meiden Sie fette Saucen und fettreiche Beilagen.
- Kochen Sie als Beilage zu den Nudeln Tomatensauce mit Kräutern.
- Trinken Sie vor allem reichlich dazu.

Pizza und Pasta sind, wie schon erwähnt, nur dann gute Kohlenhydratträger, wenn Sauce und Belag nicht zu fett sind. Trinken Sie dazu wieder

Wer abnehmen möchte, kann gelegentlich morgens auch nüchtern walken. Sie trainieren vermehrt im Fettstoffwechsel. Trinken Sie aber unbedingt vorher Mineralwasser.

reichlich, denn das Glykogen in den Depots wird mit Wasser gespeichert, das beim Walking als »Stoffwechselwasser« wieder zur Verfügung steht.

Essen während des Walkings

Bei langen Trainingseinheiten über eine Stunde kann Trinken vor allem bei warmem Wetter schon während des Walkings wichtig sein. Das gilt erst recht, wenn Sie in trockener Bergluft unterwegs sind.

Bei Wassermangel riskieren Sie einen frühzeitigen Leistungseinbruch und sogar Krämpfe. Trinken Sie rechtzeitig in kleinen Portionen. Bereits zwei Prozent Wasserverlust führen zu deutlichen Leistungseinbußen. Sie können sich selbst ein Sportgetränk aus ausgeschütteltem elektrolytreichem Mineralwasser, einer Prise Kochsalz und ein wenig Orangensaft mischen. Sie können die Flasche im Wald deponieren oder einen Trinkgurt mitnehmen.

Wer viele Stunden unterwegs ist, sollte frühzeitig auch Bananenstücke oder Brot knabbern. Bei rechtzeitiger Aufnahme vermeiden Sie den berüchtigten »Hungerast«.

So werden Sie hinterher wieder fit

Nach einem anstrengenden Training sind Sie zunächst erschöpft. Man hat erst keinen großen Hunger, sollte aber möglichst bald den Durst stillen. Zu empfehlen sind Mineralwasser oder Fruchtsäfte, die man sich zum Training mitnehmen kann. Vielleicht steht Ihnen der Sinn hinterher nach einem kühlen Bier. Bedenken Sie aber, dass Sie bis zu mehreren Litern an Schweiß verloren haben. Es ist schädlich, das unmittelbar danach mit alkoholischen Getränken auszugleichen. Man trinkt sich den Trainingseffekt regelrecht wieder heraus.

Zudem ist der Körper nach einem umfangreichen Training etwas geschwächt und daher empfänglicher für Erkältungen oder andere Infektionen. Essen Sie als Nächstes etwas Leichtverdauliches und Kohlenhydratreiches. Ideal sind auch jetzt wieder eine Bana-

Trinken macht schön: Flüssigkeitsverluste werden ausgeglichen, die Haut wird straffer und wirkt jünger.

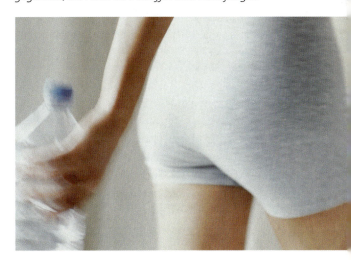

Bild links: Wenn es schon ein »Powerbar« sein muss, sollte man unbedingt auf die Inhaltsstoffe achten.
Bild rechts: Regelmäßiges Training, gesunde Ernährung – und der Erfolg wird nicht lange auf sich warten lassen!

Vertrauen Sie Mutter Natur mehr als den Pillenproduzenten. Obst, Gemüse, Milch- und Vollkornprodukte sind noch immer die beste Garantie für eine vollwertige Ernährung.

ne, fettarmer Kuchen, Trockenobst und vollwertige Sportriegel. Die Glykogendepots lassen sich nach dem Sport am schnellsten wieder auffüllen.

Der Isodrink macht noch keinen Sportler

Könnten wir einem möglichen Nährstoffmangel nicht einfacher mit Pillen und Fitnessdrinks vorbeugen? Je schlechter die Grundernährung, desto mehr würde eine Substitution tatsächlich bringen. Es ist aber sicherlich besser, die Ursachen zu beseitigen, als Symptome zu kurieren. Glaubt man den Anzeigen in Sportzeitschriften und Fitnessmagazinen und den häufig von den Herstellern selbst finanzierten »wissenschaftlichen« Studien, so möchte man glauben, dass eine ganze Apotheke von Antioxidanzien, Blütenpollen, Gelée royale, Koenzym Q10, Karnitin, Taurin, Guarana, Melatonin, Kreatin, Isodrinks und anderen aufbauenden Präparaten unbedingt zur Grundausstattung eines Sportlers gehört. Alle paar Jahre gibt es selbstverständlich neue Wundermittel.

Von der Industrie wird kräftig (und nicht uneigennützig) die Angst geschürt, unsere Böden seien ausgelaugt, und bei dem heutigen Stress und Umweltsmog fräßen uns ohne Vitaminpillen freie Radikale, hochreaktive Stoffwechselzwischenprodukte, von innen auf. Wenn Sie aber wirklich gesund leben wollen, ist die sicherere Lösung, beispielsweise mit dem Rauchen aufzuhören, und nicht Vitamintabletten zu schlucken! In mehreren Studien hatten Raucher, die Beta-Karotin-Pillen schluckten, sogar eine höhere Rate an Krebserkrankungen.

Außerdem können Sie ganz beruhigt sein: Der Mensch hatte zu Vorzeiten viel mehr Stress. Kämpfe, die Angst um das nackte Überleben, harte körperliche Arbeit, Wärmen, Grillen und Kochen über dem Ruß des Lagerfeuers in der Höhle. Unser Körper ist darauf vorbereitet. So genannte schützende Antioxidanzien wie Vitamin C, Vitamin E, Beta-Karotin und Selen kommen in der hier empfohlenen ausgewogenen Ernährung genügend vor. Zudem schützt sich der Körper bei vernünftigem Trainingsaufbau mit eigenen Enzymsystemen als Radikalefänger ausreichend selbst.

Vitalstoffbombe Apfel

Nahrungsergänzungsmittel, Vitamin- und Mineralstoffgaben nutzen immer nur dann, wenn ein Mangel vorhanden ist. Eine Gabe über den Bedarf hinaus wird ungenutzt ausgeschieden und belastet Stoffwechsel und Geldbeutel nur unnötig. Aus natürlichen Lebensmitteln werden die Vitamine und Mineralien durch gleichzeitig vorhandene, aber schwer herzustellende Kofaktoren in der Regel effizienter aufgenommen. Ein Apfel ist eben mehr als die Summe der uns derzeit bekannten Bestandteile. Wer dennoch Mutter Natur nicht ganz vertraut und künstlich Vitamine, Mineralstoffe, Spurenelemente und all die kleinen Helferlein substituiert, sollte Folgendes bedenken:

▶ Durch Pilleneinnahmen verlernt Ihr Darm die natürliche Aufnahme.
▶ Pillen fehlen oft Kofaktoren, die in Lebensmitteln enthalten sind.
▶ Wir kennen noch lange nicht alle Wirkstoffe, geschweige denn, dass wir sie herstellen könnten.
▶ Mit Pillen können nicht alle Nährstoffe abgedeckt werden.
▶ Überdosierungen bergen gesundheitliche Risiken.
▶ Der Stoffwechsel wird durch die Einnahme von Tabletten unnötig belastet.

Wer beispielsweise Angst vor Vitamin-C- oder Magnesiummangel hat, sollte eine Kiwi oder Orange essen und ein gutes magnesiumreiches Mineralwasser mit Fruchtsaft trinken. Da steckt mehr drin, es deckt den Tagesbedarf, ist billiger und natürlicher.

Substanzen wie Karnitin produziert der Körper seit Jahrmillionen selbst und nimmt sie mit Milch und Fleisch auf. Ein Versorgungsengpass kommt im Normalfall gar nicht vor. Eine zusätzliche moderate Versorgung mit Eisen kann bei Frauen und Veganern oder beim Aktivurlaub mit Bergwandern in größeren Höhen angebracht sein.

Der Bericht der Deutschen Gesellschaft für Ernährung im Auftrag des Bundesgesundheitsministeriums kam ebenfalls zu dem Ergebnis, dass im Breitensport auf Zusatznahrung jedweder Art, insbesondere auf zusätzliche Mineralstoffe, verzichtet werden kann. Erfolge sind im Ausdauersport mit vernünftigem Essen ohne Präparate bis in die Weltspitze möglich. Nichts gegen die gelegentliche Einnahme eines Vitaminpräparats oder Isodrinks, aber die wahre Leistungsfähigkeit kommt noch immer von Talent, Motivation und Trainingsfleiß.

Die Natur hat in Jahrmillionen vollwertige Lebensmittel entwickelt. Der Apfel ist eben mehr als die Summe seiner uns momentan bekannten Bestandteile.

Über dieses Buch

Impressum
© 2001 by Südwest Verlag, einem Unternehmen der Verlagsgruppe Random House GmbH, München
5. Auflage 2004

Alle Rechte vorbehalten. Nachdruck – auch auszugsweise – nur mit Genehmigung des Verlags.

Redaktion und Projektleitung:
Dr. Ulrike Kretschmer,
Dr. Alex Klubertanz
Redaktionsleitung und medizinische Fachberatung:
Dr. med. Christiane Lentz
Bildredaktion:
A. Thomas Birkenholz
Umschlag:
Werbeagentur Lohmüller, Berlin;
Reinhard Soll
Layout und DTP:
Dr. Alex Klubertanz
Grafiken:
Christian Hilt

Printed in the Czech Republic

ISBN 3-517-06170-0

Über den Autor
Herbert Steffny ist Diplombiologe und war 13facher Deutscher Meister in verschiedenen Laufdisziplinen. Er wurde Dritter bei den Europameisterschaften in Stuttgart und gewann den Jubiläumsmarathon der Masters Class in Boston. Seit 1989 leitet er Lauf- und Fitnessseminare mit Walking und Nordic Walking. Infos unter **www.herbertsteffny.de**

Literatur
Bös, Klaus: Handbuch für Walking. Meyer & Meyer Verlag. Aachen 2000
Meyers, Casey: Walking, A Complete Guide to the Complete Exercise. Random House. New York 1992
Steffny, Herbert: Nordic Walking – made in Finland. Laufmagazin SPIRIDON 9/99, Erkrath
Steffny, Herbert/Pramann, Ulrich: Perfektes Lauftraining. Südwest Verlag. 18. Auflage, München 2003
Steffny, Herbert/Pramann, Ulrich/Doll, Charly: Perfektes Lauftraining – Das Ernährungsprogramm. Südwest Verlag, München 2003

Hinweis
Das vorliegende Buch ist sorgfältig erarbeitet worden. Dennoch erfolgen alle Angaben ohne Gewähr. Weder Autor noch Verlag können für eventuelle Nachteile oder Schäden, die aus den im Buch gemachten praktischen Hinweisen resultieren, eine Haftung übernehmen.

Bildnachweis
Birkenholz, Alescha, München: 55; Dpa, München: 25 re. (Arne Scharmbeck); Fengel, Martin, München: 13; Gettyimages, München: Titel (Terry Doyle), 1 (Angela Cappetta), 82/83 (Peter Cade); Image Bank, München: 4/5 (Macduff Everton), 10 (Bee Ball), 20/21 (Yellow Dog Productions), 25 li. (Lars Klove), 27 (Chris Cole), 28 (Steve Dunwell), 30 (Juan Silva), 33 (Janeart), 44 (Bob Elsdale), 51 (Tracy Frankel), 61 (Rob Van Petten), 69 (Keith Brauneis), 70 (Alex Stewart), 76 (Color Day), 85 (Michael Melford), 94 (Terje Rakke), 95 (Gabor Ekecs); Jump, Hamburg: 16/17, 37 re., 52/53 (Kristiane Vey), 15, 23, 50 (Martina Sandkuehler), 73 (Marco Grundt); Photonica, Hamburg: 8 (Manzo Niikura), 11 (James Bartholomev), 29 (Johner), 67 (William Huber), 93 (Erik Rank), 96 (David Zaitz), 100/101, 123 (Neo Vision), 105 (Mia Klein); Premium, Düsseldorf: 46, 86 (B. Bailey); Steffny, Herbert, Titisee: 39, 64/65, 72, 74, 89–92; Südwest Verlag, München: 114 (Siegfried Sperl), 120, 124 (Antje Plewinski), 121 (Dirk Albrecht); Zefa, Düsseldorf: 6, 103 (Dennis Cooper), 14, 48 (Masterfile), 37 li. (Boddenberg), 40/41 (M. Thomsen), 49 (Sagl & Kranefeld), 115 (M. Meyer), 117 (Sporrer), 118, 119 (Surce Sale), 125 (Glanzmann)

Register

Abführmittel 17
Accessoires 49ff.
Achillessehnen-
   beschwerden 96
Acht-Wochen-Programm
   80
Adrenalin 26
Aerober Bereich 55f., 59
Alkoholgenuss 10, 17,
   93f., 118f.
Amenorrhö 16
Anorexie 18f.
Aquajogger 51
Armschwung 63
Atmung 62f.
Babyjogger 51
Barfußwalking 45
Besenreiser 35
Bewegung 9f., 30, 35
Blasen 96f.
Bluthochdruck (Hyper-
   tonie) 33f., 102, 104,
   110, 119
Bodymass-Index (BMI)
   106
Broca-Formeln 105
Bulimie 17ff.
Check-up 28
Cholesterin 31, 33f., 110,
   113
Cool-down (Auslaufen)
   57, 59, 69, 85f.
Crosstraining 36, 78f.
Dehnungsübungen →
   Stretching
Diabetes mellitus 33f.,
   102, 104
Diät, mediterrane 27,
   105, 120f.
Diäten 103ff.
Dörre, Katrin 18
Dry-II-Synthetikfasern 47
Dysbalance, muskuläre
   86f., 98
Eisenmangel (Anämie) 17
Eiweiß 114
Endorphine 37
Energiestoffwechsel 54ff.
Entschleunigung 6
Entspannung 86
Ernährung 94, 98, 102ff.
Eustress 25f.
Fahrtspiel (schwedisch:
   Fartlek) 70, 74
Fette / Öle 112f.
Fettverbrennung 54f.
Fischer, Joschka 24, 32,
   102, 109
Fitness
   – als Notwendigkeit 8f.
   – Definition 12
Fitnesswalking 67
Flüssigkeitszufuhr 86,
   93f., 98, 102, 117ff.,
   122f.
Folgetraining 77
Funktionsbekleidung
   46ff.
Fußfehlstellungen 43f.
Gauder, Hartwig 38
Glykolyse, anaerobe 56
Goretex 48
Gymnastik 86ff.
Haule, Elisabeth 38f.
Haule, Friedemann
   (Walkingpionier) 14, 38
Healthwalking (Gesund-
   heitswalking) 66f.
Herzfrequenzmesser
   50, 57
Herz-Kreislauf-Erkran-
   kungen 10, 33, 35
Hillwalking 70, 74, 85,
   96
Idealgewicht 102ff.
Immunsystem 29, 31
Ischiasbeschwerden /
   Pseudoischias 98
Jacken / Westen 47
Jogging 6, 14f., 26, 51,
   80, 84
Kniebeschwerden 97
Kohlenhydrate 54f., 103f.,
   111f., 116, 122f.
Kopfschmerzen 16, 73
Koronarsport 35
Körperhaltung 62
Kortisol 26
Kräftigungsübungen 91f.

Krampfadern 35
Krebserkrankungen 17, 35, 110, 124
Kristiansen, Ingrid 18
Laktat 55ff.
Langsamkeit, Kraft der 26f.
Lauf-/Walktreffs in Deutschland 13f.
Maximalpuls 59
Menstruationsbeschwerden 16
Metatarsalgie 97
Mikrofasergewebe 47f.
Milchsäure 55
Mineralien 102, 110ff., 116f., 120, 125
Mitochondrien 56
Muskelkater 76f., 88, 92
Muskelkrämpfe/ -zerrung/-faserriss 97f.
Noradrenalin 26
Nordic Walking (Finnland) 6, 13, 35, 49, 63, 71ff., 80
Nurmi, Paavo 12
Oberbekleidung 47
Osteoporose 17, 35, 117
Ovo-Lakto-Vegetarier 115
Ozonwerte 93
P-E-C-H-Formel 95
Pedestrianism 16
PMS (prämenstruelles Syndrom) 16
Powerwalking 67ff.

Racewalking (Wettkampfgehen) 62, 66, 68f.
Radfahren 78f., 96, 98f.
Rauchen 10, 17, 33f., 36f., 107, 115, 124
Rückenschmerzen 10f., 72, 87, 98
Ruhepuls 58
Sauerstoffaufnahme 31
Schienbein-/Knochenhautreizung 98f.
Schuhe 42ff.
Schuhpflege 49
Schwangerschaft 17f., 115
Schwimmen 78f., 86, 88, 96, 98f.
Seitenstechen 92
Serotonin 37, 120
Skilanglauf 79
Socken 46
Special 16ff., 38f.
Sport-BHs 49
Spurenelemente 102, 110ff., 116f., 120, 125
Stöcke (Nordic Walking) 49, 63, 71ff.
Stress 10, 17, 23ff., 30, 33, 36f., 115
Stresshormone 26
Stretching 87ff., 98
Strolling (Spaziergang) 66
Supination 44
Süßigkeiten 119f.
Sympatex-Windmaster 48

Take five 70
Technik 62
Textilpflege 49
Thoma, Georg 8
Trainingshäufigkeit 60f.
Trainingspläne 78ff.
Trainingstagebuch 51
Trainingszonen/Körperreaktionen 57
Triathlon 78f.
Übergewicht 10f., 22, 33ff., 61, 73, 77, 97, 102, 104
Überlastungsschäden 84, 44, 62
Umweltbelastungen 92f.
Unfruchtbarkeit 17
Unterwäsche 48f.
Vaseline 48, 94, 99
Veganer 17, 115
Verletzungen 95ff.
Verstauchungen 99
Verstimmungen, depressive 16
Vitamine 102, 110ff., 115f., 120, 124f.
Walking 12f., 15ff., 19, 29, 31ff., 50f., 78
Walkingtest 80f.
Walkingvarianten 66
Warm-up 59, 69, 85
Waterwalking 45
Winterwalking 94
Wogging 67
Wolf (Wundscheuern) 99
Yanker, Gary 7f.